M. Grossman – godło literackie pisarza i dziennikarza urodzonego w 1974 roku na Ziemiach Odzyskanych. Wyrafinowane poczucie humoru odziedziczył po dziadku, który nazwał swojego psa Hitler krótko po wybuchu wojny, przez co musiał się ukrywać przed gestapo do roku 1943. Grossman zarzucił pisanie scenariuszy filmowych i reżyserowanie po tym, gdy jego film „Gramy Hejnał" z 2005 roku, w którym w wypadku lotniczym giną bracia Kaczyńscy, okazał się proroczy oraz po ukaraniu naganą przez Janusza Palikota posłów Andrzeja Rozenka i Roberta Biedronia za udział w kolejnej jego produkcji, w 2012 roku. Pod prawdziwym nazwiskiem publikował w tygodniku „NIE", „Faktach i Mitach" oraz „Dzienniku Trybuna". Napisał też intrygującą porno-powieść „Dwanaście", ale zarzeka się, że nigdy więcej, bo nadmiar seksu może mieć skutki uboczne. W wolnych chwilach podróżnik i muzyk, któremu nieobce są gitara i saksofon tenorowy.

Michał Graczyk – rodowity opolanin urodzony w roku 1966, członek Stowarzyszenia Polskich Artystów Karykatury. Zdobywca 52 nagród w konkursach satyrycznych w kraju i na świecie. Twórca kilku tysięcy rysunków satyrycznych w prasie ogólnopolskiej i regionalnej. W 2003 roku w karczmie nyskiej „Studnia" ustanowił pierwszy na świecie rekord w rysowaniu 24 godziny non stop, wykonując 421 rysunków, za co został uhonorowany statuetką „Małego Eryka" przez SPAK. Ostrze satyry kieruje głównie na wydarzenia socjologiczno-społeczne oraz polityczne. W 2010 roku otrzymał nagrodę marszałka województwa opolskiego za działalność kulturalno-twórczą. Lubi filmy Federica Felliniego, humor Monty Pythona, braci Marx, Charliego Chaplina, Bustera Keatona, Harolda Lloyda oraz Flipa i Flapa.

M. Grossman

Świniaki

Spis treści

Zbiór satyr politycznych
drukowanych w „Dzienniku Trybuna"
w okresie kwiecień–lipiec 2014 oraz tych
nieopublikowanych nigdy wcześniej,
z rysunkami Michała Graczyka.
Pamięci mistrza Jacka Sawaszkiewicza.

M. Grossman

17.09.2014

Spieprzaj, dziadu!

Dobrze się prowadził. Po chrześcijańsku bzykał żonę, nawet spłodził potomka. Do kościoła, w dzielnicy, w której żył, uczęszczał regularnie. Był pewny, że trafił, gdzie trzeba. Jednak nerwowo szczypał rąbek niedopiętej marynarki, a wzrok niepewnie spuścił na czubki butów. Robił to tylko przez ułamek sekundy, bo widok był ohydny. Lepszych nie zdążył wzuć. Sprawa była niecierpiąca zwłoki.

Wstał z ławki, by kołatką zastukać do bramy, której nikt mu nie otwierał. Zrezygnowany spojrzał w górę i spróbował dosięgnąć ręką do tego staroświeckiego urządzenia przywoławczego. Nie sięgał. Wspiął się na palce. Bez powodzenia. Kołatka była zbyt wysoko.

– Ożeż kuchwa – wysyczał z francuska i rozejrzał się dookoła, czy aby nikt nie usłyszał.

Spojrzał na zegarek. Minęła godzina. Nie przywykł do takiego traktowania. Był przecież kimś. I to, że nie żył od kilku godzin, nie powinno mieć, jego zdaniem, żadnego znaczenia. Nerwowo się rozejrzał. Nie było nikogo w pobliżu, kto usłużnie przyznałby mu rację. Nawet kota.

Podrapał się po własnej głowie. Nie mógł po innej, bo był sam.

– To nawet logiczne – powiedział w myślach i ucieszył się. Lubił swoją logikę. Nigdy go nie zawiodła.

Krótko po tych rozważaniach wpadł na pomysł. Te pomysły też lubił. Jego współpracownicy zawsze twierdzili, że są świetne. Ci, co mieli inne zdanie, szybko przestawali być jego współpracownikami. To też było logiczne. Znów się uśmiechnął i ucieszył jednocześnie. Tak, tak. Potrafił jednocześnie robić wiele rzeczy. Jak Napoleon.

Kopnął delikatnie w bramę. Niby przypadkiem. Odpowiedziało mu echo. Kopnął raz jeszcze. I jeszcze raz. Nic. Zero reakcji. Zazgrzytał lekko nadpsutymi zębami. Nic. Nawet nie zgrzytnęły.

– Może tu panują inne prawa fizyki? Gdyby był tu Kazik – gadał do siebie, dokładnie analizując każde słowo. Słowa układały mu się w logiczną całość. Mimo wszystko lekko wykrzywił twarz w grymasie, który wprawny psychoanalityk mógłby wziąć za uśmiech.

Wrota zaskrzypiały. Nerwowo odskoczył w tył. W drzwiach stanął stary człowiek. Dziad można by powiedzieć. Tylko lepiej od przeciętnego dziada ubrany.

— Czego tu? Spieprzaj, dziadu! Porządnych towarzyszy z samego rana niepokoić? — powiedział odźwierny lekko wkurzony.

— Jak ty do mnie, dziadu jeden?! Jestem bratem mojego brata. Premierem czy prezydentem... — wybełkotał po dłuższej chwili. Nie był pewny, którym bratem jest. Tak go wnerwił dziad w bramie.

— I jakich towarzyszy? Tutaj jest napisane. Napis jest NIEBO. Tak?

— No jest napis. I są towarzysze. — Odźwierny był zniecierpliwiony.

— Towarzysze w niebie? — Premier albo prezydent zdradzał objawy nielichego zdenerwowania.

— Mamy tu taką komunę, jełopie. Od samego początku. A teraz paszoł won! I nie kopać w bramę, bo ci dupę skopiemy z Gabrielem.

— Janowskim? — Premier albo prezydent zgłupiał. Nie zdążył bardziej, gdyż starzec jak się pojawił, tak zniknął.

Nie miał jednak zbyt wiele czasu na rozmyślania, bo nie był już sam. U jego boku stał Rokita.

09.02.2004

Powiesili prezydenta

Andrzej jakoś tak dziwnie się poczuł. Niby nic. Kwiaty, gratulacje, wywiady. Do gabinetu, bez pukania, jak to miał w zwyczaju, wpadł Tymoteusz.

– Andrzeju! Gratulacje. Strzał w dziesiątkę – zawył Tymek, jak pieszczotliwie nazywał go Andrzej.

– Co masz na myśli?

– No jak to co? Zobacz!

Na biurku Andrzeja wylądowały papiery. Wykresy i tabele.

– Poparcie stabilne od tygodnia! Na poziomie 68 procent! – Tymek wydawał się być przeciwieństwem swojego pana.

– Eee, Tymek. Czego innego mieliśmy się spodziewać? Lewica miała go od dawna dość. Płaszczył się przed klechami, aż dostawali torsji.

– No, masz rację, prawica przebierała nogami, by zastąpił go ktoś z ich ekipy. Widziałeś wywiad w Jedynce z Józefem Marią Boruckim? Myślisz, że dasz radę? Borucki, choć bledziutki, ostatnio w mediach wypada nieźle.

– Na każdego złodzieja znajdzie się bat. Kurde…

– Albo sznur – ściszonym głosem dorzucił Tymek.

Andrzej spojrzał na niego spode łba. Poprawił krawat, wciągnął głęboko gluty w głąb jamy nosowo-gardłowej…

– A ty myślisz, że ja tego chciałem? To społeczeństwo, kurde. Ja zawsze będę robił i mówił to, czego chcą ludzie. Bo ja zawsze dla ludzi…

– Tak, Andrzeju, wiem. Opozycja też tego chciała. Może mimo wszystko starczyłoby dożywocie? Po co odwieszałeś karę śmierci?

– Tymek, do diabła! Ja tego nie chciałem. Społeczeństwo. Upodlony, umęczony naród się domagał.

– Mówisz o bandzie skinów, kiboli i byłych pracowników PGR--ów? To im sprawiłeś największą przyjemność.

– Tymek… odwal się!

Tymoteusz poczuł, jak oblewa go zimny pot. Dreszcze, które przeszły mu po plecach, wykręciły kręgosłup w literę „S".

– No co ty! Ja zawsze z tobą. Przecież wiesz.

– Lepiej dla ciebie, by tak było.

– Andrzej, spoko. Do samego końca. Udzielisz wywiadu przed dzisiejszą retransmisją egzekucji?

– Pewnie, że tak. Zawsze robię to, czego chce naród…

30.05.2004

Koń, który mówił

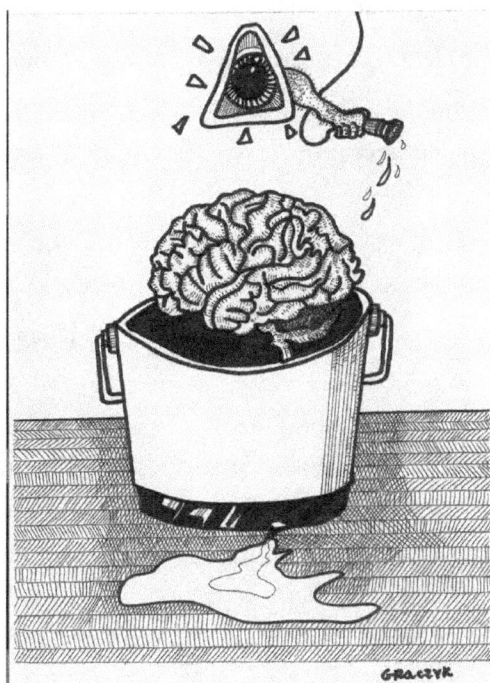

Stał na czterech łapach, nogach nawet można powiedzieć. Paskudne były i dlatego wyglądały jak łapy. Dostojny łeb ozdobiony wieńcem z liści laurowych. Z tą dostojnością przesadziłem. Też był paskudny...

– Czemu jesteś smutny, koniu? – zapytał niedźwiadek wtulony w kąt stajni, między kupą nietoperza a norą szczura.

– Zobacz, niedźwiadku. Dali mi owies w jeden żłób, a w drugi siano. Mam dylemat – barytonem niskim i aksamitnym zajechał koń.

– No to chyba dobrze. Masz wybór. Muszą cię lubić, no nie?

– Ja już nie wiem, co kosztować i kiedy. Jak stanę nad sianem, to żal mi owsa, bo a nuż szczur się podkradnie i zeżre kilka ziaren z mojego, powtórzę, z mojego żłoba!

– Spieprzaj na drzewo, jebańcu! – dało się słyszeć piskliwą i zdecydowaną wypowiedź z nory szczura.

– No widzisz? Tylko czeka, jak stanę nad sianem. – Koń był bliski płaczu.

Niedźwiadek postanowił rozwiązać spór na sposób demokratyczny. Zajrzał w głąb nory szczura i mimo nieznośnego smrodu, poprosił jej mieszkańca o opuszczenie rezydencji.

– Nie wyjdę. Konia podkuli nowymi złoconymi podkowami zaraz po uroczystości zwieńczenia łba wieńcem laurowym. Jednym machnięciem kopyta może mi zrobić z kręgosłupa grzechotkę.

– Wyjdź, a przywalę zdrowo – potwierdził obawy szczura koń.

– Tak nie można, przyjaciele. Nie na tym polega demokracja – obficie gestykulując, zawrzeszczał zdenerwowany niedźwiadek. Dla podkreślenia zalet demokracji kopnął zleżałe guano nietoperza.

– Ile może zjeść owsa szczur, koniu? Doprawdy żałujesz garści ziarna dla współmieszkańca naszej stajni? Nie wstyd ci?

– Masz rację, niedźwiadku. To chyba niezgodne z WS (Wartości Stajenne – dopisek autora). – Łzy spłynęły po paskudnym pysku konia.

Uradowany niedźwiadek nakłonił szczura do wyjścia z nory. Biedne zwierzę zatraciło instynkt. Trudno powiedzieć, czy to na skutek głodu, czy indoktrynacji niedźwiadka bądź WS. Pewnym krokiem zmierzało w kierunku żłobu z owsem, gdy nagle jakby błyskawica, iskry i głośne jeeeeb...

Ogłupiały szczur już żegnał się z tym światem, już witał Jezuska, gdy jednak dotarło do jego świadomości, że nie umiera, że jego kręgosłup cały jest i nie grzechocze... Spojrzał w bok i zobaczył kilka centymetrów od swojej mordki, że w kałuży juchy leży jego niedawny druh, niedźwiadek. Przygwożdżony do klepiska kopytem konia zdobionym pozłacaną podkową.

– Zajebałeś niedźwiadka. Naszego przyjaciela, mentora i skarbnicę wiedzy o WS – szczur strzelał słowami z prędkością odwrotnie proporcjonalną do szybkości słów wypowiadanych przez Giertycha, posła zresztą. Oczy z wściekłości zaszły mu bielmem o bieli proszku z systemem aktywnej bieli.

– Nie chciałem – wymamrotał koń, który zaczął się trząść jak w febrze.

– Chciałeś trafić mnie, podstępny, paskudny koniu. Nie daruję ci, ty parzystokopytna świnio! – krzyknął zdenerwowany szczur. Nie zauważył, że logika tego zdania była mocno wątpliwa, nie wspominając o systematyce gatunkowej.

Rzucił się w kierunku aorty konia. Zdecydowanym kłapnięciem szczęk rozerwał ją i zadowolony z siebie już z kąta stajni przyglądał się, jak chabeta chwieje się i upada na bok... Koń z pozycji leżącej gasnącymi oczami spoglądał to na swoje pełne żłoby, to na krwawą niedźwiedzią miazgę. Gdy dogorywał, przed oczami stanął mu szczur. Ostatnie zdanie, jakie usłyszał, brzmiało :

– No i co, palancie?

18.08.2004

Komisja

GRaczYK

Na posiedzeniu komisji panowały minorowe nastroje. Pani Małgosia leniwie mieszała łyżeczką coś, co można byłoby uznać za kawę, gdyby nie fakt, że stanowiło mieszaninę kawy ze spirytusem. W stosunku pół na pół. Antoni podejrzliwie łypał na nią, gdy krztusząc się niemiłosiernie, drobnymi łyczkami sączyła płyn z kubka. Reszta członków komisji patrzyła tępo w sufit.

– Pani Małgosiu, ma pani dla mnie najnowszą ekspertyzę?

– Mmm... mam – mówiąc to, Małgorzata, kobieta słusznej tuszy, poderwała się krzesła i sięgnęła do torby leżącej metr od kubka z drinkiem na bazie kawy. Wyjęła puszkę śledzi w sosie pomidorowym i kilkanaście luźnych, pomiętych kartek, które zapełniały wykresy.

Antoni podszedł do niej, żeby odebrać ekspertyzę. Rzuciło go w tył. Wyraźnie poczuł znaną mu ze szpitala woń spirytusu.

– Pani Gosiu, jak tak można? Zajmujemy się tu ważnymi dla naszego państwa sprawami…

– Eee, prze… prze… przepraszam. Ekspertyza wymagała dezynfekcji organizmu. Mam na to stosowne zaświadczenie.

– Co? A zresztą... nieważne… niech pani nie szuka.

Małgorzata przestała się szamotać się ze swoją torebką. Tymczasem Antoni wziął w dłoń puszkę śledzi i zaczął ją wnikliwie oglądać z każdej strony.

– Co ona taka pogięta? Skąd te rysy i wgniecenia?! – Był wyraźnie poirytowany.

– Szefie, były robione crash testy. Zapłaciliśmy za nie zgodnie z umową... – Gocha podrapała się w głowę – 112 tysięcy złotych. Tak, 112 tysięcy…

– Z VAT czy bez? – zapytał Antoni. Podniecony, dalej oglądał puszkę, nie mogąc oderwać od niej wzroku.

– Bez żadnych wad. Profesjonalna procedura na wydziale Masaczjuset robiona, szefie!

– Aha, bez wad, bez wad… dobrze, dobrze… zrobimy piękną konferencję… piękną. – Antoni był zahipnotyzowany pogiętą puszką ze śledziami. Trzymał ją na wysokości wzroku, oceniając jej kształty, zwracając uwagę na każdą rysę i wgniecenie okiem fachowca.

Położył ją z nabożną czcią na stole. Wziął do ręki kartki.

– A to co? – Na kartkach były jakieś liczby, wykresy.

– A nie wiem, szefie, ja to po ekonomiku jestem, a to jakieś takie fachowe. Nie dla mnie – Gocha składnie artykułowała swoje durne przemyślenia.

– Ano dobrze, dobrze, damy to do oceny mediom. Niech oni się, kurde, tym martwią – mówiąc to, Antoni łypał na puszkę ze śledziami, która była na wyciągnięcie ręki.

– Zgłodniałem, ma ktoś otwieracz do konserw? – rzucił od niechcenia i sięgnął po puszkę.

– Mogę otworzyć sztyletem, który mam jeszcze z powstania – odezwał się jeden z członków komisji, który najczęściej na posiedzeniach nigdy się nie odzywał.

– Dobrze, Marian, otwórz. Wiedziałem, że nie jesteś z nami bez powodu – powiedział Antoni i uśmiechnął się.

– Mam na imię Stefan… – odpowiedział Marian bez większego przekonania i zabrał się za otwieranie puszki. Otwarte śledzie w sosie pomidorowym przesunął w kierunku szefa komisji.

– Ma ktoś widelec? – Antoni miał teraz tylko jeden cel. Wiedział, że jest już blisko.

– Proszę. – Plastikowy widelczyk podała mu Gocha, która zawsze była gotowa na nietypowe zadania.

Oczy wszystkich zebranych wpatrywały się w pełne namaszczenia ruchy widelczyka podające cząstki śledzi umazane w sosie wprost do ust szefa. W pomieszczeniu panowała cisza. Słychać było delikatne mlaśnięcia i pracę przełyku Antoniego. Gdy skończył, cicho beknął.

– No… no… – Antoni był bardzo z siebie zadowolony. Odstawił pustą puszkę na stół. Dalej ją obserwował.

– Szefie… kurde… szefie… – Gochę wyraźnie coś zaniepokoiło.

– Co jest? – Antoni obudził się z letargu.

– Co my teraz mediom powiemy, to było nasze korpus deliktum? – zapytała.

– Corpus delicti... hmm... tak, tak... – Antoni nad czymś myślał.

– Powiemy mediom, że była implozja, która zeżarła wnętrze, wysysając wszystko co było w środku.

Wybuchła burza oklasków. Czekający pod salą dziennikarze zaczęli rozkładać swój sprzęt.

12.04.2014

Igrzyska

Dziennikarze opuścili salę, światła przygasły. Za długim stołem siedziała Lidka. Po policzkach płynęły jej łzy. Jej asystent siedział obok. Chciał ją pocieszyć, ale nie miał pomysłu jak. Próbował więc zażartować.

– Było suuuper! Naprawdę!

– Co?! Przestań żartować. Zrobiłam z siebie pośmiewisko. – Lidka chlipała.

– Nieprawda! Dziennikarze mieli mnóstwo pytań i byli bardzo zainteresowani naszą koncepcją.

Lidka pociągnęła nosem. Glut, który zwisał u jej kształtnego noska, zniknął tak nagle, jak się pojawił. Asystent był profesjonalistą. Udał, że niczego nie zauważył.

– Myślisz? A co ich najbardziej niby zainteresowało?

– Koncepcja skoków o tyczce na lodzie była dla nich szokiem. Nikt tego jeszcze do tej pory nie robił.

– Tak, jasne – Lidka zaczęła znowu płakać – i zaczęli się śmiać, że tyczkarze połamią się przy próbie skoków, gdyż tyczka nie będzie w stanie się zaprzeć o lód. Że posypią się ofiary! Tak mówili. Nie słyszałeś?!

Lidka wyła. Jej asystent był jednak profesjonalistą. Musiał ratować pryncypałkę. Od tego przecież zależały jego pensja, bonusy i ewentualna wysoka odprawa.

– Bo te barany się nie znają. Co za problem wyposażyć tyczki w szpikulce? Pewne drobiazgi wymagają jedynie dopracowania – asystent mówił to pewnym głosem. Był przekonujący.

– Aaa, masz rację. O tym nie pomyślałam. – Lidka rozpromieniła się i dodała: – A pomysł związany ze slalomem biatlonistów krakowskimi uliczkami starego miasta nie był chyba zbyt dobry, co? Śmiali się mi w twarz, gdy to mówiłam.

– Słuchaj, to nie tak. Oczywiście slalom rozpoczynający się na Wawelu jest bardzo śmiałym pomysłem, ale przecież do odważnych świat należy. To, że nikt tego nie robił do tej pory, nie znaczy, że nie możemy być pierwsi! Uszy do góry, pokażmy całemu światu, na co nas stać.

– Dziękuję, Marku. Jesteś wspaniały. – Lidka nachyliła się i pocałowała asystenta w policzek. Ten profesjonalnie, ukradkiem starł rękawem koszuli z policzka wydzielinę z nosa swojej szefowej.

– Masz chusteczki? A w sumie już nie potrzebuję. – Lidka uśmiechnęła się zalotnie.

– A pomysł przesunięcia granic miasta do samego Zakopanego? Przecież to urbanistyczna perełka. Raz skorzysta miasto, dwa – skorzystają górale. To szansa na budowę metropolii, jakiej nie powstydzi się prezydent! – Asystentowi udzieliła się euforia, której był autorem.

– Prezydent miasta? – W oczach Lidki zabłysły złociste monety z nominałem dwa euro każda.

– Miasta? Kraju, moja droga, kraju!

– Może i masz rację. Tu potrzeba tylko dobrego piaru. To się musi udać.

– To już się udało, moja droga. Z jednej rzeczy trzeba będzie chyba jednak zrezygnować...

– Z jakiej? – Lidka posmutniała.

– Musimy chyba zrezygnować z zimowych konkurencji pływackich... to może być zbyt kosztowne – dodał smutno Marek.

– A gdyby te baseny podgrzewać?

– Gdybyśmy się dowiercili do źródeł geotermalnych... może i by zamknął się budżet – Marek głośno myślał. – Znam nawet jednego, co załatwił na to środki z Unii przy poparciu odpowiednich polityków. To może się udać!

– Marku, co ja bym bez ciebie zrobiła! Daj buziaka, mój ty asystencie nie do zastąpienia!

– Może jednak dam ci chusteczki. – Marek wyszarpnął gwałtownym ruchem paczkę chusteczek higienicznych i podał je Lidce, w ostatnim momencie uchylając się przed buziakiem.

27.04.2014

Kampania

Bączka długo nie było w kraju. Przed wyjazdem za granicę był znanym i cenionym politykiem. Ludzie kłaniali mu się w pas, dziennikarze pokazywali go swoich programach chętnie, bez względu na to, co miał albo czego nie miał do powiedzenia. A potrafił pięknie mówić na każdy praktycznie temat.

Wrócił do kraju ze sporym dorobkiem i postanowił go najkorzystniej zainwestować. Oczywiście pierwsze, co przyszło mu do głowy, to polityka. Tam stopa zwrotu była najwyższa. Zadzwonił do swojego dawnego piarowca Zbysia.

– Zbysiu, wróciłem – oznajmił radośnie przez telefon dawnemu współpracownikowi.

– Ale kto mówi? – usłyszał nieprzyjemnie brzmiący głos Zbysia. Zmartwił się. Był na emigracji tylko trzy lata. – Zapomnieli o mnie czy co? – zaczął rozważać inne metody zainwestowania zarobionych euro.

– Wiceprezes Bączek. Zbyszek, nie pamiętasz mnie? – Bączek wiedział, że w biznesie nie można się tak szybko poddawać.

– Aaa… no oczywiście, że pamiętam – skłamał profesjonalnie Zbyszek, który w pamięci wykonał szybki biznesplan – może się spotkamy, wróciłeś do Polski? I do polityki też? Czasy sprzyjają takim jak ty. Powinieneś! – Zbyszek był świetnym marketingowcem. Wiedział, że Bączek zawsze miał gruby portfel.

– Tak, chcę wrócić do polityki i dlatego właśnie dzwonię. – Biznesplan Bączka również nabierał w jego głowie realnych kształtów.

– Spotkajmy się jutro o 11:00 w naszej ulubionej restauracji, pamiętasz adres? – zaproponował Zbyszek.

– Oczywiście! Do zobaczenia jutro. – Bączek miał wypieki na twarzy.

Spotkanie odbyło się następnego dnia. Bączek był swego czasu wiceprezesem partii DPW. Liczył, że lider partii przywita go z otwartymi ramionami, a Zbyszek pomoże w odświeżeniu znajomości, które otworzą mu na powrót drzwi do politycznych salonów. Przygotował całą litanię haków na lidera konkurującej z DWP partii ZGW. Rewelacje przyniósł ze sobą w czarnej teczce. Zbyszek, co zaskoczyło Bączka, miał ze sobą wielki wiklinowy kosz, który zawadzał przy ich stoliku, blokując przejście.

– Czołem, Zbyszku! Miło cię widzieć.

– Też się cieszę, tęskniłem za tobą, mordo ty moja – profesjonalnie zełgał mistrz od piaru.

– Co to za koszyk? Na zakupach byłeś? – zapytał Bączek, sadowiąc się przy stoliku.

– No właśnie, właśnie… lubisz psy?

– Psy? A co to, koreańska knajpa? – Bączek rozejrzał się podejrzliwie po sali.

– Nie, dlaczego? – Zbyszek nigdy nie był w Korei, więc nie zrozumiał.

– Nie znoszę pchlarzy ani innych sierściuchów… a o co chodzi z tymi psami? Dorabiasz w związku kynologicznym?

– Nie, co ty wygadujesz? Zrobiłem dla ciebie analizę, w tym wytyczne dotyczące wizerunku. Musisz się do nich dostosować, wtedy twój powrót będzie spektakularny. – Zbyszek zawsze był perfekcjonistą. Bączek w to nie wątpił.

– To co z tym psem? – zapytał. Wiedział, że powrót do polityki wcale nie będzie łatwy.

– Szczeniak jest tu, w koszu. Od dziś chodzisz z nim na spacery. Miłośnicy zwierząt mają wyższą punktację w rankingach.

– A nie może być chomik albo jakaś mała mysz… od biedy kot?

– Nie, popatrz na tych z opozycji. Hodują koty i co, wygrywają?

– No, raczej słabo idzie hodowcom kotów.

– Sam widzisz, jak jest. Więc od jutra chodzisz z psem na spacery, a ja załatwię paparazzi. Zrobi się fajny tekst o tym, jak bardzo kochasz zwierzęta.

Bączek zajrzał do wiklinowego koszyka. Pies zaczął przeraźliwie piszczeć, tak, że goście na sali wykazali zainteresowanie losem biednego sierściucha. Nerwowo odsunął się od koszyka.

– Wiem, może nie być łatwo, ale kampania ma swoje wymagania – stwierdził Zbyszek.

– No dobra... będę z nim chodził na spacery, a po kampanii oddam do schroniska...

– Rasowy z ciebie polityk. Zawsze znajdziesz jakieś racjonalne rozwiązanie – Zbysiu powiedział to z niekłamanym podziwem. – A jak u ciebie z gejami, bo najnowsze trendy wskazują...

– Z gejami?! Masz na myśli pedziów? – Bączek spąsowiał na okrągłej twarzy.

– Gejów, wiceprezesie, gejów! – tak się mówi. – No więc zapoznam cię ze Staszkiem. Czasem pójdziecie na kawę, ciastko, no może lampkę wina. Jak się zaprzyjaźnicie, to może nawet do opery, teatru, ostatecznie kina – Zbyszek wyliczał kolejne punkty profesjonalnie przygotowanej kampanii wiceprezesa Bączka.

– Ale ja wolę kobiety, w życiu nie spałem z facetem. – Bączek był wyraźnie zdenerwowany.

– Tego nie brałem pod uwagę, chodzi tylko o ogólny pozytywny wizerunek. Chociaż gdyby twoje rankingi słabo się pięły, to nie wykluczam i takiej opcji – powiedział Zbyszek. Był jednym z lepszych piarowców w branży. Bączek to wiedział, dlatego nerwowo sięgnął po papierosy. Zapalił.

– Jezu kochany... – wyszeptał cicho.

– A właśnie, à propos Jezu... Umiarkowany antyklerykalizm jest wskazany, ale wiesz, nie możesz przesadzać jak Januszek, bo episkopat mocno pociąga za sznurki. Tu trzeba zachować idealną równowagę. Raz coś dowalisz czarnym, potem powiesz miłe słowo o wielkości papieża. Będę cię prowadził jak Mojżesz przez Morze Czerwone. Nie martw się, jesteś w dobrych rękach. – Zbyszek poklepał Bączka po ramieniu, aż ten zakrztusił się dymem z papierosa.

– Aaa... i koniec z paleniem do końca kampanii. – Zbyszek wyjął papierosa z ust kaszlącego wiceprezesa Bączka i triumfalnie zgasił go w popielniczce.

02.05.2014

Sondaż

Lucjan siedział przy biurku, na którym leżał laptop. Zaostrzonym ołówkiem z pietyzmem wydłubywał ostrożnie woskowinę z małżowiny lewego ucha. Nieoczekiwanie poczuł uderzenie w plecy otwartą dłonią, co spowodowało, że koniec ołówka zagłębił się w uchu i znalazł się o milimetry od błony bębenkowej. „No co za dureń?" – pomyślał, a na głos powiedział:

– Panie Piotrze, właśnie kończę robotę, tylko się zamyśliłem.

– Zamyśliłeś się? Powiedz lepiej, co dziś wyszło nam w słupkach.

Piotr był kierownikiem działu sondaży, w którym pracował Lucjan.

– Zaskakująco dobre wyniki czarnego konia tej kampanii. – Lucjan odpalił aplikację i wyświetlił różnokolorowe wykresy.

– Pokaż to, kurde. – Kierownik nachylił się nad laptopem.

– Niedobrze, Lucek, niedobrze... a zapowiadałeś się naprawdę nieźle...

– Jak niedobrze? Z naszego audiotele dostałem wyniki, wklepałem je w te tabelki, no i tak wyszło.

– Wyszło to szydło z worka, u nas ma być przewidywalnie! Jakie czarne konie?! Co my stajnia jesteśmy czy poważna sondażownia, baranie jeden. – Szef nie był zadowolony, zresztą mało kiedy był.

„Dlaczego muszę pracować z tym baranem, kuźwa?!" – powiedział do siebie odważnie w myślach Lucek, a na głos wydukał – To co mam zrobić, szefie?

– Co masz zrobić? Myśleć, jełopie, myśleć. Zadam ci pytanie. Dość proste. Wiesz, kto to jest prezes Michalik?

– No nasz szef, właściciel. Wszyscy go znają.

– Dobra odpowiedź, ćwoku. Zatem drugie pytanie. Z kim się kumpluje Michalik?

– Z Androsiukiem, wszyscy to wiedzą.

– Dobrze sobie, Lucek, radzisz. Dobrze… A Androsiuk pijący jest czy abstynent?

– Pije jak smok, nawet dwa razy widziałem, jak go wynosili sztywnego z jednej restauracji.

– Brawo, Lucek, masz analityczny umysł i dobry z ciebie obserwator.

– A skoro pije, i to, jak mówisz, jak smok, to jeszcze powiesz mi może, z kim pije najczęściej Androsiuk? Wtedy sam ci postawię piwo i dam premię na koniec miesiąca.

– No tego nie jestem pewien, ale słyszałem, że jak pije, to najczęściej z tym… no jak mu tam, Hofmanderem, który często ląduje pod stołem na koniec imprezy.

– Brawo, Lucek! Masz piwo… i naprawdę dam ci premię, jak powiesz mi, kto to jest Hofmander!

– Hofmander to ten, no, rzecznik tego… no, Chrześcijańskiej Unii Jedności, w skrócie…

– No, no, się nie popisuj za bardzo, mądralo! Masz już premię. Tylko powiedz mi, baranie, jak w tej sytuacji chcesz pokazać taki wynik naszej sondażowni, szefowi, co? Jak mu to wytłumaczysz? Chcesz popsuć naszemu chlebodawcy humor? Poza tym pomyśl, durniu, kto nam płaci. Myślisz, że szefa stać by było na tak okazałe biuro bez żadnego wsparcia… no?!

– Kierowniku, to co mam zrobić? – Lucjan był zdruzgotany.

– Zobacz – powiedział kierownik i wyjął z kieszeni mały przedmiot. Była to kostka do gry.

– Weź ją i rzuć sześć razy. Jeśli wyrzucisz choć raz inną liczbę oczek niż sześć, dostaniesz oprócz premii 10 proc. podwyżki. A jak nie, cofam obiecane piwo i premię. Wchodzisz? – Piotr wyciągnął rękę.

Lucek miał mętlik w głowie, ale statystyka była po jego stronie. Już myślał, na co wyda kasę z premii. Uścisnął dłoń Piotra i wziął do ręki kostkę. Rzucił pierwszy raz. Wypadła szóstka. Rzucił drugi raz. Znowu szóstka. Popatrzył na kierownika, który miał dziwny błysk w oku. Rzucił ponownie kostką. Szóstka! „Trzy szóstki" – pomyślał i w duchu zaczął się modlić, bo trzy szóstki jakoś diabelsko mu się kojarzyły. Rzucił. Szóstka. Przy piątym i szóstym razie też nic się nie zmieniło. Wypadły same szóstki.

– No i co, młotku?

– Ale jak to? – Młody pracownik obejrzał kostkę z każdej strony. Wyglądała najzupełniej normalnie.

– Oj, młody, młody... nauczyłeś się czegoś z tej lekcji?

– No, czego bym nie zrobił, wypada zawsze szóstka... ale to jakiś szwindel.

– Szwindel nie szwindel, ale premię i piwo cofam. Czego jeszcze się nauczyłeś?

– Widać, że czasem nie da rady... ma być sześć, wypada sześć. Co by nie zrobić.

– Brawo, Lucek... to ile tam ci wyszło u tego czarnego konia? – Kierownik działu nachylił się nad słupkiem wyświetlonym na ekranie komputera. – 12 proc.? A ile ma być? – Uśmiechnął się szeroko do młodego.

– 6 proc.?

– Brawo, Lucek, wstawiaj tę szóstkę, wysyłaj najnowszy sondaż do działu dystrybucji i zapraszam cię na piwo! Dam ci szansę, możesz jeszcze daleko zajść. – Kierownik z życzliwością poklepał Lucka po plecach.

13.05.2014

Zagubiony w akcji

– Panie poruczniku, panie poruczniku – kapral Farfał starał się krzyczeć najbardziej bezgłośnie, jak tylko potrafił.

– Stul dziób, gamoniu, bo go spłoszysz. – Porucznik Zuber miał na głowie hełm zdobiony w liście paproci zerwane z kępy rosnącej opodal bagna, gdzie kilkunastu żołnierzy plutonu, którym dowodził, leżało w zaroślach. Gęste chaszcze idealnie maskowały ich obecność.

– Przepraszam, poruczniku, nie umiem cicho krzyczeć. – Kapral Farfał posmutniał. Podrapał się po zadku pogryzionym przez mrówki-żołnierzy, którym smukła postać Farfała przecięła szlak, jakim zanosiły do swojego gniazda smakołyki dla królowej oraz igliwie do budowy okazałego kopca.

– Żołnierzu, zamknijcie dziób i wypatrujcie! Zrozumiano, kapralu?

– Uhm – kapral zamienił wyrafinowaną artykulację na bardziej prymitywne metody komunikacji, co porucznik przyjął z wyraźnym zadowoleniem.

Farfał wiedział, że za wszelką cenę to ich oddział musi go znaleźć. Liczył na premię, kto wie, może i awans od samego generała. Zaczął więc wpatrywać się w niebo intensywnie i ze zdwojoną energią. Palce wbił w podmokłą glebę i z całych sił starał się nie myśleć o pogryzionym tyłku. Mrówki-dowódcy nie dawały jednak za wygraną. Delegowały kolejne setki żołnierzy, kierując je czułkami na dwa wciąż niezdobyte pagórki. Farfał był atakowany tak zaciękle, że miał łzy w oczach, co z kolei znacząco utrudniało mu obserwację nieba. Za wszelką cenę chciał być jednak tym, który pierwszy wypatrzy obiekt. Trudno powiedzieć, czy to setki ukąszeń, czy uczulenie na jad małych, wściekłych mrówek, ale jedno było pewne. Stan Farfała był opłakany. Wyglądał fatalnie. Nie wiadomo skąd pojawił się starszy szeregowy, sanitariusz Roman.

– Panie kapralu, pan jest ranny? – w głosie sanitariusza pobrzmiewało poczucie misji niesienia pomocy, wyrażał je też każdy, nawet najmniejszy jego gest. – Roman przycupnął obok kaprala w zaroślach i zaczął dłubać w nosie.

– Jest pan ranny? – powtórzył pytanie, nie wyciągając palca z nosa.

– Ocipieliście, szeregowy? Od czego ranny? Przecież nikt nie strzela.

– Nie wiem, jak to się mówi, Pan Bóg strzela, a kto inny kule nosi czy jakoś tak… – stwierdził filozoficznie sanitariusz Roman.

– To co, nie jest pan ranny? – wolał się upewnić.

– Nie jestem… tylko…

– Rozumiem, obawia się pan o losy naszej misji. Wszyscy jesteśmy murzynami, panie kapralu, pan się nie przejmuje.

– Chyba żołnierzami jesteśmy, szeregowy – wysyczał kapral Farfał, boleśnie kąsany przez kolejny dywersyjny oddział kilkudziesięciu mikroskopijnych bydlaków.

– Aaa… – wyjęczał.

– Jednak jest pan ranny! Słyszę! – wykrzyknął sanitariusz, wyszarpując z podręcznej apteczki opatrunki. Był gotowy do bandażowania rannego kaprala.

– Durniu, to mrówki mnie atakują! – zaakcentował ostatnie słowo Farfał.

– Atakują? – wykrzyknął zadziwiony porucznik Zuber.

– Atakują! Atakują! – pozostali żołnierze z plutonu przerażeni zaczęli przekrzykiwać się między sobą.

Któryś z młodych żołnierzy nieopatrznie odbezpieczył granat odłamkowy i na wszelki wypadek rzucił przed siebie. Inny pociągnął długą serią z AK-47 na oślep w kierunku ściany lasu, która majaczyła jakieś dwieście metrów od plutonu. Zdenerwowany porucznik dobył z kabury krótką broń, odbezpieczył i oddał kilka strzałów w tym samym kierunku. W tym momencie wybuchł granat. Siła wybuchu rzuciła wszystkich na ziemię. Żołnierz, który rzucił granatem, słabowity był, więc granat poleciał zdecydowanie zbyt blisko. Przez moment zapanowała kompletna cisza. Nawet zadziwione mrówki przerwały swój atak.

– Wstrzymać ogień! Wstrzymać ogień! – to porucznik doszedł do siebie i zaczął wydzierać się w niebogłosy. Wstał i doskoczył do kaprala.

– Co to, kurza twarz, było? Kto nas zaatakował?

– Mrówki, panie poruczniku, to mrówki – głos kaprala drżał.

– Ja was chyba… Jakie, do cholery, mrówki?!

– Pan zobaczy, poruczniku. – Kapralowi Farfałowi było już wszystko jedno. Wstał, jednym ruchem odpiął pasek, opuścił spodnie i pokazał porucznikowi i reszcie kolegów swoje pogryzione, opuchnięte pośladki.

– O, Jezu… – powiedzieli chórem porucznik i sanitariusz Roman, którzy byli najbliżej tyłka kaprala. Szybko i z obrzydzeniem odwrócili wzrok.

– Schowajcie to, żołnierzu, a wy, sanitariusz, dajcie mu coś przeciwbólowego. – Porucznik na widok pogryzionego tyłka swojego podkomendnego zdążył zapomnieć o niekontrolowanej strzelaninie.

– Idziemy rozpirzyć mrowisko, bo inaczej nigdy nie dokończymy tej misji.

Grupa zdesperowanych żołnierzy rozpoczęła zwiad. Po kilkunastu minutach była już przy kopcu hańby.

– Panie poruczniku, to tutaj. – Kapral Farfał miał łzy w oczach. Tym razem były to łzy szczęścia.

– Zniszczyć! – Porucznik był dobry dla swoich żołnierzy, bezwzględny dla przeciwnika. Farfał tylko na to czekał. Kopnął z całych sił w kopiec swoim żołnierskim, ciężkim buciorem. Pół mrowiska rozleciało się w pył. W środku coś jednak błysnęło w słońcu.

– Patrzcie, jaki ładny model samolotu! – Sanitariusz Roman doskoczył do zgliszcz kopca i wyciągnął ze środka metalowe coś, co wyglądało jak mały samolot.

– O kurza twarz, dron! – Porucznik aż podskoczył z wrażenia.

– Co?! Co?! – żołnierze zaczęli szeptać między sobą.

– No dron, gamonie, bezzałogowy samolot, którego szukamy. Szeregowy, przynieście mi to zaraz.

– Ten samolocik to dron? – Sanitariusz Roman w szoku patrzył na drona.

– Ani słowa o tym, co tu zaszło. Drona zdobyliśmy w wyniku ciężkich działań operacyjnych. Jasne? – Porucznik był urodzonym dowódcą.

– Tak jest, panie poruczniku! – Kapral Farfał zasalutował, a po policzkach popłynęły mu łzy wzruszenia.

12.05.2014

Demontaż

– Janek! Janek! Dawaj śrubokręt. – Mieczysław był wyraźnie podniecony. Słychać to było w jego drżącym głosie, a widać po delikatnym wybrzuszeniu na spodniach.

– Mietek, ciszej. Ja nie mam śrubokręta. Mam tylko waserwagę i dłutko. – Janek poprawił okulary i podkręcił wąsa, uśmiechając się szelmowsko. – Ale ich załatwimy, nie, Mieciu?

– Po cholerę ci waserwaga?! Dawaj dłutko, trzeba tu podważyć. – Mieczysław otarł pot z czoła rękawem nowej, wypasionej marynarki w białe prążki i zaczął się mordować z kolejnym złoconym kranem.

– Te rurki są ze złota? – Janek wskazał niedbale poręcze w okolicach pisuaru i poprawił swoją nienaganną muchę w białe grochy.

– Chyba pozłacane, ale też możemy zdemontować, mają swoją wartość. Zasilimy budżet naszej frakcji.

– Chłopaki wynajęły furgonetkę? Mamy już ze cztery pełne worki.

– Asystentom kazałem wynająć na koszt komisji ds. rozwoju regionów wschodnich UE.

– I co, nie było problemów?

– Przecież to debile, nie panują nad niczym. Za pół roku nie będą mieli na czym siedzieć, a i tak nie zrozumieją, dlaczego! Ha, ha, ha, ha – zaśmiał się tubalnie Mietek, aż posypał się tynk w okolicach jednej z dziur w ścianie, gdzie kiedyś zamocowany był złocony kran.

– Krzesła też weźmiemy?

– Tak, wszystkie, ale dopiero w przyszłym tygodniu, jak wynajmiemy kilka wagonów towarowych. Musimy się sukcesywnie rozwijać, realizując wszystko to, co zapowiedziałem w kampanii.

– No, Mietek, ty masz łeb! I robisz, co zapowiedziałeś. – Janek spojrzał na szefa z niekłamanym podziwem.

– Jak demontaż, to demontaż, Janku… zabierz mydło, ładnie pachnie i jeszcze nieużywane.

– Są dwa, szefie, jedno zostawić?

– A co ty myślisz, że u nas w kraju się przelewa? Że te europejskie hieny nie okradają nas z każdej złotówki, by tu se mordy europejsko-komunistyczne namydlać?! Bierz oba! – Mietkowi wyszły żyły na czole, układając się w swastykę. Przynajmniej tak wydawało się Jankowi.

– Dobra, dobra, szefie, już chowam. Papier mają pachnący, ledwo napoczęty. – Janek zanurzył się do pasa w jednej z kabin. – Brać?

– Ty się jeszcze pytasz? A wiesz, skąd oni na ten delikatny i perfumowany papier mają?!

– Okradają nas w kraju z uciułanych przez polskiego podatnika groszy, by tu sobie europejsko-komunistyczne tyłki tym delikatnym papierem podcierać! – Janek był coraz bardziej obeznany z programem partii, z którą się związał kilka tygodni wcześniej.

– No właśnie! Zbij to lustro. – Mietek chwycił jeden z worków.

– Po co zbijać? Może lustro też zabierzemy?

– Za duże, poza tym trudno chyba zdemontować, więc rozbij.

– Ale dlaczego?

– Bo nie będą się tu w nim te europejsko-komunistyczne mordy przeglądać za nasze złotówki, co je nakradli...

– ...z kieszeni polskiego, upodlonego podatnika – dokończył Janek i walnął dłutkiem w kryształowe lustro.

26.05.2014

Placówka

– Zamachowski Piotr?

– Obecny!

– Królikowski Zenon?

– Obecny!

– Jędrula Wacław?

– Jest!

– Pawłowicz Justyna?

– Jestem!

– Dobra, to już chyba wszyscy. Witam was, moi drodzy, na placówce. To kolejny dzień ćwiczeń i przygotowań do funkcjonowania w obcym dla was kulturowo miejscu, pełnym niebezpieczeństw.

Zgromadzeni słuchali z uwagą, kiwali głowami.

– Odkąd tu się znaleźliśmy, nie ma miejsca na pomyłki. Zaostrzenie w ubiegłym miesiącu przepisów dotyczących moralności spowodowało, że dwoje z nas znalazło się w aresztach i oczekuje na surowe wyroki.

– Czy znamy jakieś szczegóły? – Zenon był wyraźnie poruszony.

– Tak, pewnie wiecie, że Helenka, mimo że ukończyła poprzedni kurs z wyróżnieniem, zaryzykowała i poszła w godzinach popołudniowych na melinę, gdzie dokonała zakupu paczki prezerwatyw. Wszyscy znamy Helenkę, prawda? – prowadzący kurs zawiesił dramatycznie głos.

– Oj, znamy, znamy. – Piotr westchnął rozmarzony.

– Co jej grozi?

– Pławienie w rzece oraz dwa lata bezwzględnego więzienia…

– Pławienie w rzece?! Jak to wygląda?

– Jeśli chodzi o pławienie, to możecie przejrzeć opisy z archiwalnych materiałów, tu macie kopie ze średniowiecznych kronik. – Prowadzący rozdał materiały obecnym.

– O, ku… – Jędrula chciał skwitować siarczyście obrazek ze średniowiecznej ryciny, ale prowadzący przytomnie dopadł do niego i zasłonił mu usta dłonią.

– Za to słowo wypowiedziane na ulicy można tu dostać dwanaście batów. Niczego naprawdę się nie nauczyliście.

Zgromadzeni pospuszczali głowy. Wiedzieli, że prowadzący od kilku tygodni poświęcał całą energię i wiedzę, by chronić ich przed najgorszym. Czuli ogrom odpowiedzialności i wstyd.

– Przepraszam, będę uważał. – Jędrula czuł się winny.

– Oczywiście, mogę załatwić dla tych najbardziej nieostrożnych, używających nazbyt często słów na „k", „ch" i „p", stosowne, perfekcyjnie sfałszowane dokumenty poświadczające „zespół Tourette'a", ale muszę ostrzec, że to ostateczność i może wzbudzić niepotrzebne zainteresowanie „bojówek moralności" patrolujących ulice i nasze mieszkania. – Prowadzący placówkę był jednym z lepszych wśród konspiratorów.

– Tu jest gorzej niż w Arabii Saudyjskiej… – Pawłowicz była załamana.

– Nasza placówka jest zorganizowana po to, byśmy przetrwali. To kiedyś się może zmienić. – Prowadzący przechadzał się między członkami zgrupowania i snuł marzenia. – Może będzie tak, że któregoś lata usiądziemy sobie w ogródku przy jakimś pubie, napijemy się zimnego piwa i zapalimy papierosa…

– Ciszej, błagam, ciszej. – Ktoś z sali nie trzymał ciśnienia.

– Masz pan rację, mimo że ściany naszej placówki są grube, a system zagłuszający działa całkiem sprawnie, to musimy być naprawdę ostrożni. – Szef placówki zgłuszył w sobie marzenia i wrócił do rzeczywistości.

– Pamiętajcie, za tydzień o tej samej porze spotkanie tu, o ile w oknie będzie stała doniczka z fikusem. Jeśli jej nie będzie, odwołujemy zgrupowanie. W przyszłym tygodniu w kościele im. św. Juliana roraty, muszą na nie pójść wszyscy ci, którzy zauważyli nadmierne zainteresowanie ze strony „bojówek moralności". I pamiętajcie: konspiracja nade wszystko. Ponieważ już jest ciemno, ogłaszam zakończenie spotkania na naszej placówce. Wychodzicie pojedynczo, co dziesięć minut. Zatrzymujecie się przy pomniku papieża. Jeśli nie zauważycie niczego podejrzanego, klękacie przy nim i wykonujecie znak krzyża. Jeżeli coś jest nie tak, stajecie przy pomniku, skłaniacie się lekko i uderzacie w piersi trzykrotnie. Będziemy was obserwować z okna. Od tego zależy bezpieczeństwo nas wszystkich.

Pierwszy opuścił placówkę Jędrula, przy drzwiach nerwowo rozejrzał się na boki i ruszył w pełną niebezpieczeństw ulicę Marszałkowską, podążając w kierunku pomnika. Pozostali na placówce stanęli przy oknie i bacznie go obserwowali.

30.05.2014

Świniaki

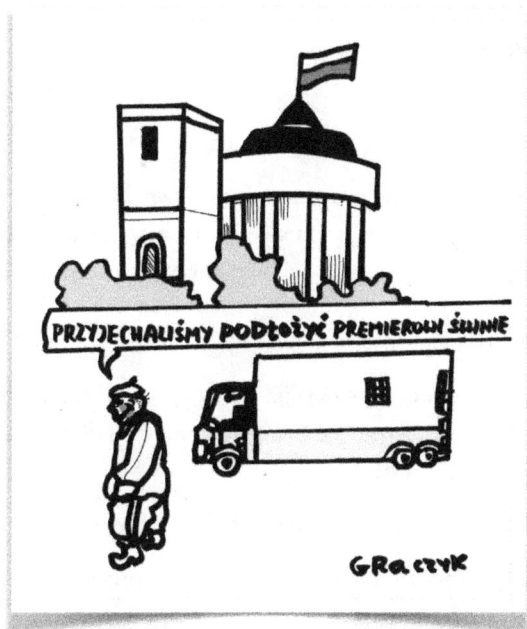

Do gabinetu premiera wszedł Krzyś. Krzyś nie wyróżniał się nigdy niczym szczególnym, ale był oddany sprawie. Nie wiedział, jak zacząć rozmowę z pogrążonym w rozmyślaniach premierem, więc delikatnie dygnął i powiedział:

– Siema, jestem.

Premier podniósł głowę i wzrok.

– Widzę, Krzysiu, co jest?

– Przyjechały te świnie i w sumie nie wiem, co mam z nimi zrobić, gdzie umieścić?

Premier zerwał się na równe nogi.

– Nie tak głośno – wrzasnął, po czym ściszył ton i dodał – nie pałamy sympatią do tych z opozycji, ale nie powinniśmy o nich tak mówić, jeszcze ktoś to nagra i puści w nieprzychylnych nam mediach.

– Ale te świnie nie są z opozycji, panie premierze...

– Jak to nie z opozycji? Jedyne, jakie znam, to właśnie są w opozycji, no w sumie parę politycznych knurów jest też u nas... ale... czekaj... to skąd są te świnie?

– No z chlewa, umorusane i głodne... nie wiem, co z nimi zrobić.

– Jak to umorusane i głodne? Krzysiu, przecież ty nie pijesz jak te świnie z opozycji, a bredzisz... – Premier był poirytowany.

– A i spragnione też są chyba, bo języki mają wywalone i ciężko dyszą...

– Kto?!

– No te świnie...

– Krzysiu, o jakich świniach jest mowa, bo się wścieknę! – premier zwyczajnie ściemniał, gdyż był już wściekły.

– No świnie, na kopytach, czterech nogach, zwieźli je chłopi na wielkich tirach. Blokują wjazd do kancelarii. Kwiczą tak niemiłosiernie, że myśli nie można zebrać, nie mówiąc o pracach nad ustawą.

– Jaką ustawą? – premier się zainteresował.

– Nie wiem, tyle ich jest, że się pogubiłem... poza tym ten kwik...

– To są zwykłe świnie?

– Chyba zwykłe, tylko strasznie wnerwione... głodne i spragnione. To gdzie je mamy wypuścić?

– Wypuścić? A ile tych świń jest?

– No tak na oko to z pięćset sztuk, panie premierze... Bo to trzy tiry...

– O, święty Alfredzie... kto im pozwolił je tu przywieźć i po co?

– Ruskie nie chcą ich kupować... to chłopi uradzili, żeby rząd się nimi opiekował. Mówią, że jadą kolejne transporty świń.

– A to świnie! A ja dla nich ustawę piszę – premier prawie łkał jak dziecko.

– Dla świń ustawę? – Krzyś był zdezorientowany.

– Nie dla świń, dla chłopów... – premier się poprawił – co ja mam teraz zrobić? Ukraińcy znieśli embargo, to może je kupią po preferencyjnych cenach?

– Tak, rozmawiałem z ukraińskim premierem. Chce kupić cztery...

– Tysiące? No to ślijmy je na Ukrainę!

– Cztery sztuki, tłumaczył, że takie mają zapotrzebowanie na najbliższy miesiąc.

– Aha, rozumiem. To może je będziemy sobie po prostu hodować? Chociaż ja nie za bardzo znam się na świniach.

– Szefie, szef zna się przecież na wszystkim...

– Tak, wiem, wiem... Tak tylko myślę, co z nimi zrobić?

– Nie wiem, szefie, myśli nie można zebrać, tak kwiczą...

– Wiem! Rozdamy je tym wszystkim osłom...

– Jakim wszystkim? Naszym posłom też? Jak zareagują media? – Krzyś był zdegustowany.

– Tak, rozdamy je posłom w ramach kampanii „Ratujemy zwierzęta". – Premier był zadowolony ze swojego pomysłu.

– A może by je na szynkę?

– Ty też dostaniesz swoją świnię, opiekuj się nią, nicponiu. Trafisz na folder promujący naszą kampanię – premier uśmiechnął się od ucha do ucha – a teraz zmykaj i przygotuj listę obdarowanych. Każdy na wyjściu dostanie kolorową smycz i zapas karmy na najbliższy tydzień.

– Tak jest, szefie! – Krzyś zasalutował i wybiegł z gabinetu.

31.05.2014

Deklaracja

Sala była wypełniona po brzegi. Niedzielne popołudnie, mimo że pogoda zachęcała do wyjazdu nad pobliskie jezioro, zdominował przyjazd cudzoziemca o polsko brzmiącym nazwisku. Na sali zabrakło miejsc siedzących i stojących. Do Kitaszewa przyjechał sam Czcigodny Mistrz Realian Kriss Lewinsky wieszczący przybycie już na dniach srebrzystego statku wypełnionego po brzegi protoplastami rasy ludzkiej. Właśnie w Kitaszewie. A dokładnie na boisku Orlik, położonym dwieście metrów od plebanii jednego pośród siedmiu miejscowych kościołów. Tutejszy proboszcz, wspólnie z burmistrzem i szefem straży gminnej, próbował zablokować to spotkanie. Jednak mieszkańcy miasta, ciekawi przybycia egzotycznych gości, na to nie pozwolili. Załamany klecha, wściekły i smutny zarazem, nie miał wyjścia. Uznał, że jedyne, co może zrobić, to wykupić miejsce vipowskie na sali, gdzie odbywało się spotkanie. Chcąc nie chcąc, zasiadł w pierwszym rzędzie, notując pilnie w pamięci nazwiska swoich parafian obecnych na spotkaniu.

Wreszcie wszedł. Czcigodny Mistrz, oświetlony jednym spośród działających reflektorów na wynajętej sali, stanął pośrodku sceny. Towarzyszyły mu dwie piękne, smukłe blond piękności z dużym biustem, ubrane w zwiewne, anielskie sukienki. Męska część sali wstrzymała oddech, by po chwili nagrodzić przybyłych gromkimi brawami. Gdy brawa ucichły, odezwał się Lewinsky. Strój miał nienaganny, a z wyglądu przypominał skrzyżowanie Johnny'ego Deppa z Leonardem DiCaprio.

– Dzień dobry wszystkie zgromadzone tu osoby, ja Miszcz Czcigodny Realianów – powiedział łamaną polszczyzną. Delikatnie podniecona żeńska część sali nagrodziła Krissa gromkimi brawami. Dwie kobiety zaczęły piszczeć. Kriss wzniósł dłoń w kierunku hałasujących kobiet, wtedy te momentalnie ucichły.

– Ja bardzo się cieszę, że to właśnie tu, w Kitaszewo, przybędzie Główny Ufok galaktyki Andromeda i tu nam przekaże swoje posłanie…

– Posłanie? – zdziwiła się pani w słomianym kapeluszu.

– Przesłanie, chciałem powiedzieć i przepraszam bardzo za mój słaby język polski.

– Te, słyszałeś? Ma słaby język, a baby tak piszczały – zaśmiał się radny Kwizdrał do radnego z opozycji podpierającego ścianę obok niego.

– Przesłanie będzie zawierała wszystkie niezbędne informacje, która są potrzebne do wasze tu lepsze życie, a uchroni was przed katastrofa, która spadnie na wiele miast w wasz kraj. Jesteście szczęśliwie wybrane.

– A gówno prawda, nie jesteśmy! – Proboszcz wstał. Twarz miał purpurową.

– A ty dlaczego mówisz: gówno prawda, człowieku? – mistrz zapytał łagodnie. Spowity światłem reflektora wyglądał jak anioł. Proboszcz lekko się zmieszał.

– Bo zamiast do kościoła, ludzie przyszli tutaj i słuchać herezji zamierzają! Ja na to nie pozwolę!

– Obrażać nas możesz, a ja mogę zgromadzonych poinformować o wszystkim, co wiem o tobie, człowieku spowity w czarne szaty. Czyś gotów na objawienie?

Proboszcz zbladł, bo zrobił szybki rachunek sumienia, ale po chwili odzyskał wigor, gdyż uznał, że Czcigodny Mistrz może mu naskoczyć, bo niby skąd wiedzieć może o jego grzeszkach.

– No dalej, błaźnie od kosmitów, objawiaj swoje herezje, rzuć kamieniem w kapłana prawowitego w obecności jego parafian. No dalej, jakie objawienie dał ci ten śmieszny ufok?

Proboszcz czuł, że to jego moment, że za chwilę ludzie tłumnie ruszą w kierunku jego kościoła. Po sali przebiegł pomruk aprobaty i uznania dla kapłana.

– Dobrze więc, niepokorny człowieku spowity w czarne suknie. Oto treść przekazu Głównego Ufoka z galaktyki Andromeda, wysłany mi w postaci cyfrowej na mój smartfon w godzina wieczorna. – Tu wyciągnął telefon, zbliżył głośniczek do mikrofonu i odtworzył nagranie. Na sali system nagłośnieniowy działał perfekcyjnie:

– Hanka, ja już nie dam rady, czegoś ty się nażarła? Viagry? – zgromadzeni usłyszeli bez wątpienia posapujący głos proboszcza.

– Jeszcze, misiu, błagam, nie przestawaj, ech, ach, ochhh... dalej, bestio, dalej! O Jezuuu… – jakaś Hanka darła mordę w niebogłosy. Część obecnych na sali rozpoczęła ożywioną dyskusję, czy to aby Hanka od

Witczaka, czy może sprzedawczyni z całodobowego o tym samym imieniu. Na sali zrobił się niezły harmider.

Mistrz przerwał odtwarzanie. Proboszcza już nie było. Dowody winy były przytłaczające. Obecni na sali zamarli.

– Jeśli któraś osoba mówić będzie gówno na moje objawienia i posłanie od Głównego Ufoka, może będzie pewna, że ja mam więcej danych z Andromeda i je tu mogę w każda chwila puścić innym sąsiadom.

– Gówno! – tu wstał radny partii opozycyjnej ze skrajnej prawicy.

– Kto to powiedział? – Mistrz, mimo że zapytał łagodnie, to jednak niektórym przebiegły ciarki po plecach.

– Ja, radny Dziwulski! Uważam, że spotwarzył pan naszego proboszcza, a nagranie było zmanipulowane. – Radny się nie patyczkował, wiedział, że jak dobrze wypadnie, w wyborach samorządowych załapie parę głosów więcej.

– Dziwulski, Dziwulski… poczekaj, człowieku… – Kriss Lewinsky zaczął przeglądać swój smartfon – a może ty chciałabyś porozmawiać o ostatnie wybory w wasz samorząd, co je wygrałaś dzięki 24 głosy więcej od konkurent, a ja mam powiedzieć teraz, jak te głosy się w urna znalazła? – czcigodny Mistrz mówił powoli, ze spokojem, ze swoim cudnym amerykańskim akcentem. Radny zrobił się blady i nie miał ochoty na dalsze przekazy z Andromedy na swój temat.

– Ja żartowałem, Czcigodny, popieram Głównego Ufoka i chcę poznać jego objawienie. – Dziwulski opadł na krzesło, zrobiło mu się słabo.

– Dobrze, kto chce wysłuchać objawienie, a kto chce być naprzeciwko niego i mówić: gówno? – Na sali panowała kompletna cisza. Kilkaset osób wpatrywało się w Krissa i czekało pokornie na objawienie.

– Wy nie musicie dużo robić. Wystarczy słuchać uważnie i podpisać później deklaracja, które moje asystenty wam dadzą po wyjściu z sali. Jak my wszystko tu dziś skończymy.

– Główny Ufok z Andromedy przyjedzie tutaj do was w przyszły tydzień. Miał przyjechać swoim kosmiczny talerz. Ale mu coś się zepsuło czy też koszta za wysokie podróży się okazały i on przyjedzie normalna limuzyna, klimatyzowana, ze swoja kosmiczna ochrona. Jest zupełnie podobny do was, autochtony, tylko ma duże, odstające uszy i czerwona morda. On będzie nowy burmistrz w wasze Kitaszewo. Wy musicie go poprzeć. Musicie obiecać praca w jego zespół asystentów. W deklaracja podpiszecie też, że będziecie go nazywać nie Główny Ufok, tylko Wacław Skibiński, bo takie przybrał ziemskie nazwisko na pobyt w wasze miasto.

— To jakaś kosmiczna ściema! — krzyknęła pani o włosach utlenionych na biało z ostatniego rzędu.

— A jak ktoś podpadnie, to będzie na przykład kosmiczny przekaz o tym, z kim spał i w jakie pozycje w miniona sobota, w toaleta, na miejscowe disco. — Tu spojrzał na tlenioną blondynę, której pobladła twarz zaczęła właśnie przypominać kolor jej włosów.

— To już właściwie koniec mój przekaz od Główny Ufok. Przy wejściu są stoliki, a moje asystenty będą odbierać wasze podpisane deklaracja. Dziękuję.

Kriss pomachał przyjaźnie wszystkim zgromadzonym i nonszalancko zszedł ze sceny.

Zebrani, przepychając się między sobą, rzucili się pospieszenie w kierunku stolików, na których czekały na nich deklaracje do podpisania.

09.06.2014

Akcja

Kapitan Ćwikliński zasalutował premierowi. Za nim stała brygada zawodowców, którzy doświadczenie szlifowali w Afganistanie, w najtrudniejszych z możliwych warunków. Wyposażeni w tarany, przenośne piły mechaniczne, wyrzutnie siatek pętających, gaz łzawiący i broń gładkolufową. Na twarzach żołnierzy rysowało się napięcie i wytrenowane poczucie obowiązku.

– Dziękuję, że przyjechaliście tak szybko – premier stojący na korytarzu przywitał dowódcę jednostki antyterrorystycznej.

– Ku chwale ojczyzny, panie premierze.

– Ku chwale, ku chwale… Jaki macie plan?

– Trzeba go wykurzyć z gabinetu. Zdecydowanie, za ryżą mordę go, w kajdanki i na przesłuchanie.

– Doceniam, żołnierzu, wasze zdecydowanie, ale tu trzeba dyplomacji!

– Czego?

– Sprytnie to należy zrobić, sprytnie… dopiero zaczynam kadencję po długiej przerwie. Muszę mieć dobre wejście. Mało to mi ludzie wyrzucali, że działaliśmy siłowo? – Premier tupnął małą pulchną nóżką, aż paprotka na parapecie zadrżała.

– Aaa, sprytnie. Tak też można, chociaż ja lubię bezpośrednie starcie z przeciwnikiem. Łatwiej wtedy o awans… medal. – Rozmarzył się kapitan.

– Dostaniecie i jedno, i drugie, ale ma być po mojemu.

– Tak jest, szefie! Jak więc pan sobie życzy, żeby było?

– Przypiął się łańcuchem do biurka, tak?

– Tak.

– Mówi, że nie wyjdzie, tak?

– Tak mówił przy ostatnim kontakcie…

– Gadał do kontaktu? To psychicznie z nim coraz gorzej.

– On ponoć przed odwołaniem telefonował przez prysznicową słuchawkę, więc na pewno nie jest z nim dobrze. A takie miał dobre notowania…

– Nawet mi, kurza twarz, nie przypominajcie, dobrze?

– Tak jest, panie premierze, słucham dalej.

– W ostatnim komunikacie, który wydał, wsuwając tekst odezwy przez szparę w drzwiach gabinetu, tezy były jednoznacznie, tak?

– Tak. Było w nim napisane, że, cytuję: „Nigdy nie opuszczę gabinetu rządowego, z którego będę kierował państwem, bez względu na sytuację polityczną, i gówno mi kto zrobi”.

– Nawet, mi, kur… nie przypominajcie, Ćwikliński, jasne?

– Jasne, panie premierze, tylko cytowałem. – Kapitan spuścił głowę.

– Podziwiam waszą dobrą pamięć, z wami to nawet taśm nie trzeba nagrywać, he, he – zarechotał premier ubawiony własnym dowcipem.

– Panie premierze, mam pomysł, a może podrzucić mu pizzę. Dwa dni nic nie jadł…

– Karmić go chcecie? Z kim wy trzymacie, co?

– Nie, panie premierze, można zrobić jak w tej bajce, w której nafaszerowano barana siarką…

– Chcecie byłego premiera faszerować siarką, Ćwikliński? A niby jak? – zainteresował się nowy premier.

– Nie barana, to znaczy nie premiera, tylko tę pizzę nafaszerować siarką. „Były” dostanie sraczki i będzie musiał wyjść do kibla – kapitan snuł ambitny plan.

– A jak nie wyjdzie, tylko zafajda mój gabinet? – Nowy premier poważnie się zaniepokoił.

– Będziemy go obserwować przez miniaturowe kamery, które zostały zamontowane w środku. Już go mamy na podglądzie.

– Sierżancie Dudała, pokażcie panu premierowi podgląd z monitoringu.

Zawezwany sierżant wyciągnął miniaturowy przenośny monitor i pokazał premierowi. Na wyświetlaczu było widać czarno-biały obraz w wysokiej rozdzielczości. Biurko w gabinecie oburącz trzymane przez byłego premiera. Jego szyję oplatał łańcuch, którego drugi koniec był przypięty do jednej z solidnych nóg dębowego biurka.

– Trzeba przyspieszyć akcję, bo jeszcze nam się powiesi.

– Premierze, jedno słowo i możemy pójść w tym kierunku... Media to łykną, jest w tak złym stanie psychicznym, że przecież może się powiesić. No nie, Dudała? – Kapitan Ćwikliński zarechotał, aż premierowi przeszły ciarki po plecach.

– Przestańcie, no. Bez głupich żartów. Robimy nowe otwarcie. Zamówicie przez BOR pizzę i doprawicie ją siarką. Jak sraczka go nie pogoni z gabinetu, to użyjecie gazu łzawiącego. Wtedy go stamtąd wyłuskacie. Zresztą co ja będę was uczył. Wykonać!

Premier skończył. Odsunął się na dwa kroki w tył, dając pole do działania ekipie antyterrorystów. Podszedł do okna budynku Kancelarii Prezesa Rady Ministrów i uśmiechnął się, widząc tłum dziennikarzy kłębiący się przy głównej bramie.

17.06.2014

Cela

Weseli nie byli. Raczej markotni. Siedzieli już czwarty tydzień, czekając na wyroki. Nie rozmawiali zbyt wiele, każdy snuł się z kąta w kąt niewielkiej przepełnionej celi, praktycznie przez większość dnia i część nieprzespanych nocy. Kiedyś zaciekli wrogowie, dziś, chcąc nie chcąc, towarzysze niedoli. Kaczor, Guma, Długi i Fajfus. Takie przybrali pseudonimy zaraz po tym, jak zostali aresztowani. Uznali, że nadszedł czas konspiracji. Liczyli, że wszystko jeszcze może się zmienić, choć nic na to już nie wskazywało. Ale przecież nadzieja umiera ostatnia.

– Myślisz, że dziś dadzą nam coś treściwego do jedzenia? – Kaczor zdążył już zgubić swój okrągły brzuszek, który hodował przez kilka kadencji.

– Dadzą pewnie kaszę z jakimś mięsem z kota – burknął Fajfus leżący na pryczy.

– Z kota?! – Kaczorowi po policzkach spłynęły łzy.

– Przestań, on żartuje, pewnie będzie jakiś kawałek podłego mięsa – mówiąc to, Długi wpatrywał się w zakratowane okno.

– Lepsze podłe niż z kota… Pamiętam, jak latem zeszłego roku jadłem perliczki w sosie z borowikami… ale były pyszne. – Kaczor osuszył łzy i uśmiechnął się do pysznych wspomnień.

– Żarłeś z Borem?! Płaciłeś służbową kartą? – zainteresował się Guma.

– Czym? A brom dawała mi mama, żebym był grzeczny. – Kaczor nie wiedział, czym płacił za obiad, zawsze miał kogoś, kto robił to za niego.

– Nieważne, debilu. – Guma chociaż tolerował Kaczora, to ewidentnie nim pogardzał, mimo zawartego paktu o nieagresji.

– Przyjebać ci krzesłem? – Kaczor odważnie chwycił za taboret.

– Uspokój się, Kaczor, on żartował, zagrajmy w durnia. Gdzie są karty? – Fajfus miał dość codziennych utarczek.

– Tylko nie durnia, tylko nie durnia, dobrze? W brydża, w brydża umiem. – Kaczor odsunął taboret, bo zasłaniał mu widok na towarzyszy w celi.

– W brydża to sobie teraz premier rżnie, a my możemy zagrać co najwyżej w durnia… niestety. – Fajfus posmutniał.

– Ale kto by pomyślał, że wygra ten chudy palant, nie? – Guma rzadko się odzywał. Z dawnego pełnego wigoru Gumy nie zostało już nic.

– Te, Guma, weź idź zrób laskę koledze z celi obok, ma na ciebie ochotę, widziałem na apelu. – Towarzysze Gumy zarechotali.

– Bardzo śmieszne, uważajcie, bo mnie bronią najlepsi amerykańscy adwokaci, więc niedługo wyjdę, a wy zostaniecie sami. Wtedy nie wiem, co zrobią z wami ci z celi obok – mówiąc to, zaśmiał się, ale nie zabrzmiało to przekonująco.

– Dobra, dobra, spokój, panowie, było co było. Zagrajmy w tego durnia.

– Ale ja nie umiem. – Kaczor spuścił głowę.

– A ja to pieprzę, mam trochę skitranego koksu, zrobię ścieżkę kartą kredytową i jakoś dociągnę do jutra. – Guma pociągnął nosem i sięgnął do skrytki w sienniku.

– Co? Czym? – Kaczor nie tylko nie wiedział, co to karta, ale i koks.

– Dureń – wymamrotał Fajfus i rzucił na stół talię kart, rezygnując z rozdania.

Wszyscy usłyszeli kroki pod celą i szczęk odsuwanej zasuwy. Guma odskoczył od skrytki z koksem.

– Micha, durnie! – więzienny kucharz oznajmił, że obiad gotowy.

– A co dzisiaj, co dzisiaj na obiadek? – Kaczor odzyskał dawny wigor.

– Kasza i mięso z kota! – Kaczor wypuścił z rąk łyżkę, a po policzkach popłynęły mu łzy.

26.06.2014

Newsroom

– Krzysiu, co dziś dajemy na warsztat? Zdarzyło się coś ciekawego? – Zenon siedział przy komputerze i kombinował, czym tu dziś zadowolić wydawcę głównego wydania wiadomości.

– Mamy informację, że na Ukrainie zginęło w czerwcu 1000 osób, niezależni korespondenci podają, że może nawet 1500... – Krzyś pracował w newsroomie od pół roku. Był ambitny i miał głowę pełną pomysłów.

– 1000 czy 1500 nie robi wielkiej różnicy. U nas na wsi, skąd pochodzę, mieszkało 4000 osób. Nie, to się nie nadaje, to zły news...

– Zły? Ale przecież opinia publiczna powinna wiedzieć, co tam się dzieje. – Krzyś był zaskoczony. Dopiero się uczył.

– Nie chodzi o to, czy to jest smutne i porażające. Zobacz, mam coś ciekawszego, co zadowoli wydawcę i o czym koniecznie musimy poinformować ludzi. Słupki nam skoczą, a to przecież ważne.

Zenon miał za sobą lata doświadczenia, dlatego Krzyś z zainteresowaniem, skwapliwie w pamięci notował, co jest naprawdę ważne.

– No więc co to za news?

– Zobacz, w Kępicach urodziła się kozo-owca, miejscowi oburzają się na właściciela, że dopuścił do takiej poruty i trzymał kozy z owcami w jednej zagrodzie. Dobre, nie? – Zenek zarechotał.

– Dobre? Ale...

– Żadne ale. Dajemy to w pierwszej trójce. Niech ludzie wiedzą, co się dzieje w świecie.

– No dobrze, już wpisuję w grafik. Kto nam zrobi materiał o tym?

– Puść tam samochód transmisyjny z Włodkiem i Pawłem, oni są dobrzy w tych tematach. Tylko sprawdź, czy znowu chłopaki nie są ujarani jakimś zielskiem... albo nie... nie sprawdzaj. Może będzie ciekawszy materiał, OK?

– OK, szefie. A tu znalazłem taką informację, może dla kontrastu. Piszą, że w Iraku też zginęło wielu cywilów. 2400 ludzi poszło do piachu. To wszystko zdarzyło się w minionym miesiącu. Panie Zenku, puścimy to, dobrze?

– Ty myślisz, że w Iraku trzymamy jakichś dziennikarzy? Wiesz, jakie to koszty zrobić dwuminutowy materiał z tej pustyni? Nie ma szans. Krzysiu, musisz się jeszcze wiele nauczyć. Zamiast materiału z pustyni w Iraku, damy jakiś materiał z Pustyni Błędowskiej. I taniej, i ciekawiej. A kadr prawie identyczny.

– A co ciekawego może dziać się na Pustyni Błędowskiej, szefie?!

– I tu kolejny, drogi kolego, tzw. dziennikarski myk. Wysyłasz tam cytatą Ilonę z samochodem. Ona w mig jest w stanie zaaranżować ciekawy materiał, z grupą napalonych młodzieńców w tle. Teraz są wakacje. Może tam obrodziły grzyby, a może rzadki gatunek motyla się wylągł. Wyślij ją, a zobaczysz, że coś przywiezie. Znam Ilonę, to profesjonalistka. – Zenon oblizał wargi, a w oczach zabłysły mu dwa małe kurwiki.

– No dobrze, panie Zenku, ale to chyba nie pójdzie w pierwszej trójce, co? – Krzyś liczył, że ma jednak jakieś wyczucie dziennikarskie.

– Zobaczymy, jak Ilonka się postara. Decyzję podejmiemy, jak obejrzymy jej materiał.

Krzyś odetchnął z ulgą.

– Szefie, a tu mam jeszcze projekt ciekawej ustawy, którą zgłosił...

– Pokaż, co to za ustawa i kto ją zgłosił... – Zenon rzucił okiem na kartkę z newsem.

– Aaa... ci... rzeczywiście ustawa rewelacyjna, ale nie puścimy tego nawet pod koniec, w bloku dla niepełnosprytnych. Za dobra ustawa, a ten lider partii jest skończony, przynajmniej tak mówił mi wczoraj wydawca. Więc po co ludziom zawracać głowę, że mogliby mieć lepiej, jak i tak nikt tego nie przegłosuje?

– Szkoda... bo może ludzie by mogli sami ocenić, zdecydować...

– Od myślenia to jesteśmy my tutaj. Ja i ty, Krzysiu. Ludzie mają oglądać tylko ważne rzeczy, a co jest ważne, to ustalamy my. Razem z wydawcą. Nie możemy go zawieść.

– Jasne, panie Zenku, tylko pan i ja... – Krzyś się rozmarzył.

Po sześciu godzinach Ilona z działu reportaży dostarczyła materiał z Pustyni Błędowskiej. Zenon miał rację. Na nagraniu znajdował się rewelacyjny, gorący materiał o tym, że na obrzeżach Pustyni Błędowskiej wylęgły się chmary motyli, które dawały się we znaki okolicznym mieszkańcom, wyżerając im z ogródków kapustę na grządkach. Ten materiał trafił oczywiście do głównego bloku.

02.07.2014

Izba przyjęć

Doktor Łazarz dyżur rozpoczął rutynowo o 18:00. Był zmęczony po wielu godzinach spędzonych w swoim prywatnym gabinecie. A teraz jeszcze obowiązkowy dyżur w państwowej klinice.

– Panie doktorze, panie doktorze, tego to na chirurgię pilnie. – Siostra Bożena popychała przed sobą półprzytomnego pacjenta z zakrwawionym kikutem na temblaku.

– Co jest? – doktor zaczął fachowy wywiad lekarski.

– Urwało mi rękę, ciąłem drewniany klocek i urwałooo… – Pacjent wył z bólu.

– A gdzie ręka?

– Tu, panie doktorze. – Siostra rzuciła zakrwawiony kikut na biurko lekarza, zachlapując mu krwią fartuch.

– Noż siostro, ostrożnie. – Łazarz z obrzydzeniem odwrócił wzrok od kikuta i sięgnął po książkę w szufladzie biurka.

– Ręka, ręka… moment… muszę znaleźć właściwy fragment. O, może ten… „wydał rozkaz, żeby odciąć głowę Nikanora i rękę razem z ramieniem i zanieść do Jerozolimy"… – czytał wersety niczym biskup egzorcysta. – Jak ma pan na imię, Nikanor?

– Nie, Stefan – wyjęczał pacjent coraz bardziej pobladły na twarzy.

– Nie utniemy więc panu głowy, a i na transporcie do Jerozolimy szpital zaoszczędzi – śmiejąc się, powiedział lekarz i kartkował księgę dalej.

– O, chyba mam… „weź laskę moją w dłoń, a idź! Jeżeli spotkasz kogo, nie pozdrawiaj go; a jeżeli kto ciebie pozdrowi, nie odpowiadaj mu. I położysz laskę moją na chłopcu."

– O, Jezuuu… – pacjent zawył – ratujcie mi rękę!

– Nie wzywaj imienia Pana Boga nadaremno, Stefan! A ty wyobrażasz sobie, że co ja robię? Myślisz, że łatwo jest wiązać klauzulę sumienia z obowiązkami lekarza, do cholery?!

– Panie doktorze, może mu na razie założyć opaskę uciskową, bo się wykrwawi. – Siostra Bożenka była jak prawdziwa siostra miłosierdzia.

– Dobra, no dobra, niech mu siostra założy… bo mi tu zejdzie trochę, nim znajdę właściwy werset.

Pacjent osunął się zemdlony na podstawione przez siostrę krzesło, a ta wprawnie założyła mu opaskę uciskową. Miał jeszcze szanse.

– Panie doktorze, może pomogę poszukać? – Siostra wiedziała, że czas ma ogromne znaczenie dla pacjenta, który przestał reagować na bodźce zewnętrzne.

– Nie trzeba, siostro, mam. Znalazłem właściwy fragment: „Nikt się nie troszczy o twoją sprawę, nie ma lekarstwa, by cię uzdrowić." Dajcie go więc do doktora Bazyliszka, on nie podpisał deklaracji, prawda?

– Nie, nie podpisał.

– No, to powinien mu pomóc, ja zrobiłem wszystko, co w mojej mocy. Klauzula sumienia mi nie pozwala na więcej. Wezwijcie sanitariusza i zabierzcie pacjenta – doktor Łazarz był z siebie zadowolony.

Po chwili był już sam. Mógł zatopić się w rozmyślaniach. Nie na długo, bo chwilę później usłyszał pukanie i przez drzwi wsunęła głowę siostra Bożenka.

– Panie doktorze, pilna sprawa – wyszeptała konspiracyjnie.

– Co jest? – Łazarz poderwał się z fotela i podszedł do siostry.

– Kolejny pacjent, można przyprowadzić?

– No dobra, co robić, trzeba nieść ten krzyż. Niech wejdzie.

Do gabinetu wszedł kominiarz. Łazarz odruchowo chwycił się za guzik u fartucha.

– Co panu dolega?

– A po robocie dostałem dziś wysypki, panie doktorze, na rękach, twarzy. – Rzeczywiście kominiarz, mimo że umorusany sadzą, miał czerwone pryszcze na twarzy i rękach.

– Niech pan siada, moment. – Lekarz wskazał krzesło, a sam sięgnął po książkę, którą zaczął wertować.

– O… mam… „Wzięli więc sadzy z pieca i stanęli przed faraonem, a Mojżesz rzucił ją ku niebu. I powstały na ludziach i na bydle wrzody i pryszcze." Pan musisz zmienić pracę. Występuje oczywisty związek między wykonywaną przez pana pracą a wysypką, która pana zaatakowała.

– Ale co ja mam robić innego, jak od 20 lat jestem kominiarzem?

– Panie, nie wiem, zajmij się pan hodowlą jedwabników. A w ogóle to co ja poradnia zawodowa? Następny! – Lekarz uznał, że kolejny medyczny przypadek został załatwiony szybko i perfekcyjnie. Uśmiechnął się do siebie, gdy kominiarz opuszczał gabinet.

13.07.2014

Król

– Prezesie, dzwonili. – Hofmander rozpiął skafander. Miał go na sobie, mimo że było upalne lato.

– Nie za gorąco ci, mój drogi? – Prezes był zafrapowany skafandrem swojego przydupasa.

– Pod tym skafandrem łatwo ukryć kamizelkę kuloodporną, prezesie. – Rzeczywiście pod skafandrem Hofmander miał kamizelkę z kevlaru.

– Aha, no tak... – prezes przyjął jako oczywistą oczywistość noszenie w upalne lato zarówno skafandra, jak i kamizelki kuloodpornej – a kto dzwonił?

– Europejscy separatyści z Karainy. Chcą pilnie się z prezesem spotkać. Dokładniej chodzi tu o jedną z ośmiu frakcji, która wydzieliła się z Karaińsko-Monarchistycznej Frakcji Europejskich Demokratów i nazywa się teraz Wielka Karaińsko-Monarchistyczna Frakcja Europejskich Demokratów.

– Ale ze mną? Dlaczego? Ja już u nich byłem. Na barykadzie! – prezes powiedział to podniesionym tonem, wstał gwałtownie i zasalutował do gołej głowy.

Hofmander pozostał niewzruszony. Udał, że to zachowanie go nie zaskoczyło i bez mrugnięcia okiem kontynuował.

– Wielka Karaińsko-Monarchistyczna Frakcja Europejskich Demokratów, w skrócie WKMFED, jednogłośnie postanowiła proklamować monarchię w jednej z dwudziestu czterech autonomicznych regionów nowego państwa. W uznaniu pańskiego poparcia w okresie wielkiej rewolucji na placu targowym w Kirowie chce, by właśnie prezes został ich królem!

– Ale czy aby na pewno to dobry pomysł? Czy ja się na króla nadaję? Za niski chyba jestem... – prezes się krygował, czekał, aż Hofmander rozwieje jego wątpliwości.

– Napoleon też był niskiego wzrostu, a przeszedł do historii... prezes niczym mu nie ustępuje!

Hofmander był strasznym wazeliniarzem. Prezes to w nim uwielbiał. Hofmander był lepszy niż Prozac i dodatkowo miał mniej skutków ubocznych.

– Prezes mały, prezes mały, lecz na króla doskonały – prezes zanucił pod nosem naprędce ułożoną piosenkę. Hofmander udał, że to normalne.

– Ładna, nie?

– Ładna, prezesie. Można by zrobić z tego niezły przebój i wykorzystać w jakiejś kampanii. A może…

– Może hymn, co?

– Bardzo dobry pomysł – powiedział Hofmander, krzywiąc się przy tym nieznacznie.

– Chyba ci się jednak nie podoba, co? Krzywisz się…

– Kolano mnie boli, prezesie.

– A, chyba że kolano. A wracając do tematu, nie wiem… może z byciem królem to przerost formy nad treścią – prezes głośno myślał. Przynajmniej tak mu się zdawało.

– Prezesie, miałby pan ciągły kontakt z krajem, mógłby pan delegować kogoś, kto by tu godnie pana zastępował w trakcie nieobecności i sprawowania urzędu w Karainie – Hofmander liczył, że prezes może właśnie wybierze jego.

– No… ja wiem, że byś chciał… – przenikliwie zmierzył Hofmandera – ale ty ponoć masz małego… a nikt z małym nie może mnie godnie reprezentować.

– Panie prezesie, nie mam małego, mogę udowodnić. – Hofmander czuł, że to właśnie ten moment. Był gotów do każdego poświęcenia. No, prawie każdego. Może nawet bez „prawie”.

– Pokaż, może to mnie przekona. – Prezes oblizał się lubieżnie.

Hofmander przymknął oczy, w wyobraźni przywołał obraz swoich najbardziej atrakcyjnych, cycastych asystentek. Chciał wypaść jak najlepiej przed prezesem. Pragnął być jego godnym następcą. Zdecydowanym ruchem szarpnął za rozporek i wyjął. Powoli otworzył oczy. Spodziewał się uznania, akceptacji, nominacji. A może nawet aplauzu. Przed oczami, na wyciągnięcie dłoni, stał czerwony na twarzy jak radziecka gwiazda prezes.

– I jak, prezesie, jestem godny?

Ten zaczerpnął głęboki haust powietrza i wybuchnął śmiechem. Po chwili przewrócił się na ziemię i zaczął turlać się jak dziecko, nie przestając się śmiać.

Hofmander poczuł smak przegranej. Zły i smutny zamaszyście zasunął rozporek. Uczynił to jednak tak nierozważnie, że przyciął to co dyndało mu na zewnątrz. Zemdlony z bólu osunął się na ziemię. Tuż obok prezesa. Nie wiedział, że najgorsze dopiero miało nastąpić.

18.07.2014

Bliźniak

Romkowi od dawna nikt już nie ufał. Nikt z rządu ani z opozycji, ani nikt z ankietowanych przez sondażownie. W sumie nic dziwnego. Przed kamerą jednej stacji mówił jedno, przed mikrofonem rozgłośni radiowej drugie, co kompletnie wykluczało wcześniejsze stwierdzenia. Uważał, że to jedyna szansa, by mieć szerokie poparcie w całej Polsce. Ba, nawet na świecie. Stacjom amerykańskim mówił, że docenia wysiłki amerykańskiej dyplomacji. Rosyjskim, że Amerykanie są do dupy, a o demokracji to mogą sobie przeczytać co najwyżej w konstytucji Związku Socjalistycznych Republik Radzieckich. To, co mówił dziennikarzom Al Jazeery, Biełsatu lepiej w ogóle przemilczeć. Romek po spotkaniu z premierem biegł do szefa opozycyjnej partii i krytykował każdy ruch premiera. A na posiedzeniu rządu nie zostawiał suchej nitki na opozycji. Można powiedzieć, że polityka doprowadziła w nim do dysocjacyjnego zaburzenia tożsamości. Klasyczne rozdwojenie jaźni. Romków było dwóch. Jeden z nich usłyszał pukanie. Bez czekania na „proszę" uchyliły się drzwi.

– Cześć, Romeczku.

– Cześć, to ty? – Romek zdruzgotany siedział w bujanym fotelu i popijał koniak. Nie miał siły nawet się bujać.

– Wiem, jak rozwiązać twoje problemy, nie dziękuj. – Tymek nachylił się do Romka i ucałował go w policzek.

– Weź, daj spokój. Co można zrobić? Nic się, kurde, nie da już zrobić. Nikt mi nie ufa.

– Jak się nie da, jak się da? Już dałem ogłoszenie.

– Jakie ogłoszenie, coś ty tam narobił, Tymek?

– Musi być was dwóch braci bliźniaków i dlatego tu dziś u ciebie jestem. Mordo ty moja! – Tymek znów się nachylił i dał kolejnego całusa ministrowi, tym razem w drugi policzek. – Ale daj się napić koniaczku, co?

– Eee, nie stać cię, za ciebie nie płaci MSZ... – Romek był chytry. Tymek jednak nie w ciemię bity wyciągnął ze swojej aktówki termos i nalał sobie tego, co było w środku. Wychylił duszkiem i kontynuował.

– No więc znajdziemy ci bliźniaka, brata rodzonego, co wybawi cię z kłopotów.

– Jakiego brata, przecież ja nie mam brata... – Romek nie łapał nic. Był pospolicie głupi, o czym Tymek też wiedział.

– Jeden z was braci bliźniaków będzie debilem, który pieprzył te wszystkie bzdury... Łapiesz?

– Łapię, cwane to... ale... który z nas będzie tym debilem? – Romek powoli zaczynał rozumieć, jednak miał też obawy.

– No, który chcesz... Ale ja na twoim miejscu wybrałbym na debila twojego dublera, znaczy brata.

– Dublera?

– No tego, co wygląda jak ty i będzie twoim bliźniakiem. Dzięki temu ty będziesz czysty i dalej będziesz mógł być ministrem. A może nawet wyżej polecisz... Nie chciałbyś? Tyle jest fajnych stanowisk w Europie...

– Chciałbym... – Romek się rozmarzył, przejechał palcami grzywkę w ząbek czesaną i wychylił resztkę koniaku. Uśmiechnął się do Tymka.

– A gdzie to ogłoszenie? I jakie ogłoszenie?

– Dałem w gazetach, że ministerstwo robi film paradokumentalny o panteonie najlepszych ministrów. No i poszukujemy sobowtórów kilkunastu ministrów. Zgłosiło się już sporo osób. Na castingach spędziliśmy prawie miesiąc. Samych kosztów do tej pory jest 400 tysięcy złotych...

– Ile?! – Romek zdawał się być poruszony.

– Uspokój się, przecież nie ty płacisz.

– No tak, tak... – Romek odetchnął.

– Zobacz to! – Tymek triumfalnie wyciągnął z teczki dużą fotografię i podał ministrowi.

– To jakiś fotomontaż, ja nigdy nie byłem w Nowym Sączu... ja, ja nigdy nie nosiłem golfów... Tymek, co to ma znaczyć?

– No przecież to nie ty, tylko twój dubler.

– A dubler... ten idiota... tak?

– Dokładnie, Romeczku, daj pyska, za dwa tygodnie organizuje-my konferencję – mówiąc to, Tymek dał kolejnego buziaka swojemu najfajniejszemu ministrowi.

27.07.2014

Ewakuacja

– I raz, i dwa, i trzy... – Grupa ludzi próbowała zwodować motorówkę, która była ukryta w krzakach w pobliżu plaży. Ich lider stał w bezpiecznej odległości i tylko się nerwowo przyglądał.

– Szybciej, do cholery – nadał krótki i jasny komunikat do tych, którzy szarpali się z motorówką.

– Panie prezydencie, robimy co w naszej mocy, ale się zakopała. – Szef biura prasowego dyszał jak zziajany pies.

– Pisiewicz, do diabła, w ten sposób nigdy się stąd nie wydostaniemy.

– Panie prezydencie, może by pan nam pomógł?

– Majestat mi nie pozwala. Jak by to wyglądało? Bez odbioru. – Prezydent schował krótkofalówkę i z bezpiecznej odległości przyglądał się niemrawej pracy podległego mu zespołu.

– I co powiedział pierwszy? – zastępca Pisiewicza zawsze miał konkretne pytania.

– Że każdy, kto przyczyni się do zwodowania motorówki w ciągu 30 minut, otrzyma medal Virtuti Militari, gdy tylko znajdziemy się w punkcie docelowym.

– Dobra, chłopaki, żwawo... jeszcze kilka metrów. – W zastępcę wstąpiły nowe siły. W grupę pozostałych cherlaków z gabinetu prezydenta również. Większość miała już wszystkie ordery i odznaczenia, jakie zabrał ze sobą prezydent, poza tym najważniejszym. Prezydent miał niewielki kuferek. Wiedzieli, że były w nim krzyże, medale, listy uwierzytelniające i pieczątki, dzięki którym miał powstać nowy rząd na uchodźstwie. A oni mieli być trzonem nowego rządu. Było więc o co walczyć. Szarpnęli zatem liny, ciągnęli z mozołem, aż motorówka w końcu dotknęła wód Bałtyku, na jednej z plaż dostępnych wyłącznie dla prezydenta.

– Leć po pierwszego, a żywo. – Pisiewicz był dumny. Przeciągnęli motorówkę 120 metrów po plaży w niespełna dwie godziny.

– Panie prezydencie, wszystko gotowe, zapraszamy na pokład. Miauczyk biegnie po pana i będzie eskortować.

Po kilkunastu minutach zasapany prezydent i jego kuferek byli na pokładzie motorówki.

– Cała naprzód, panowie. – Prezydent był spokojniejszy. Od neutralnej Szwecji dzieliło ich kilka godzin. Motorówka była szybka. Stara, dobra, rosyjska konstrukcja. Paliwożerna, za to szybka.

– Ale ja nie umiem – mówiąc to, Pisiewicz posmutniał.

– A ktoś umie tym sterować? – Prezydent miał kwaśną minę.

– Eee, myślałem że pan prezydent umie...

– Nie umiem, ale w tym żadnej filozofii być nie może. Panowie, nie róbcie sobie jaj. Trzeba to odpalić, a kierownica jest jak w samochodzie, co nie?

– Ale co tu nacisnąć? Wszystkie napisy w cyrylicy. – Pisiewicz zgłupiał.

– Donald miał rację, ten scenariusz jest pisany cyrylicą... – prezydent powiedział to złowróżbnie.

– Tusk?

– Trump... ten od eboli... baranie.. wciskaj guziki... – Prezydent był naprawdę wściekły.

Pisiewicz zaczął naciskać po kolei wszystkie guziki, jakie były na pulpicie sterowniczym rosyjskiej łódki. W końcu instrumenty pokładowe zaczęły piszczeć, diody mrugać i coś cicho zawarkotało. Prezydent się ucieszył.

– No, mówiłem, że to proste...

– Proste jak rakieta... – Pisiewicz zbladł, gdyż za prezydentem na tyle motorowej łodzi prężyła się sporej wielkości rakieta ziemia-powietrze, z pięknie połyskującym napisem w języku rosyjskim.

– Jaka... rakieta? – Prezydent się odwrócił i zobaczył wciąż wysuwający się wysięgnik z rakietą, która wysuwała się spod pokładu i niebezpiecznie rosła w oczach.

– Co to, u licha?!

– Rakieta... – Zastępca Pisiewicza nie był w ciemię bity. – To nie wygląda dobrze, panie prezydencie.

– Dobra, tylko się odrobinkę wysunęła, przecież jej nie odpali... – W tym momencie rakieta wzbiła się w powietrze, a podmuch rzucił wszystkich na pokład.

– ...liśmy – dokończył Pisiewicz.

– O, kurwa! – wydusił z siebie prezydent.

– O, kurwa! – zgodnym chórem powiedziała reszta jego zespołu.

– Co teraz? Gdzie ona leci? – Prezydent zaczynał się martwić nie na żarty.

– Chyba do Szwecji...

– O, kurwa! – wydukał prezydent.

– O, kurwa! – wydukała reszta zespołu, która dostrzegła zmierzający przez plażę w ich kierunku konwój białych ciężarówek.

14.08.2014

Przychodnia

Pani Joasia, kobieta rzutka i energiczna, uwielbiała pływanie. Przy każdej nadarzającej się okazji i sprzyjających warunkach atmosferycznych, gdy tylko znalazła się w pobliżu zbiornika wodnego, zrzucała z siebie wierzchnie odzienie, leciała w kierunku wody i pływała. Ot, takie małe dziwactwo przez niektórych nazywane zdrowym trybem życia.

I wszystko toczyłoby się jak dawniej, gdyby nie to, że pewnego dnia wychodząc z wody po przepłynięciu jakichś ośmiu długości basenu spotkała przystojnego ratownika, który podał jej ręcznik i lubieżnie spojrzał na jej tyłek. Joasia w pierwszym momencie nawet poczuła się wyróżniona, więc dumniej wypięła obfite piersi i uśmiechnęła się zalotnie do przystojnego wodnego amanta. Ale coś ją tknęło.

– Panie ratowniku, coś nie tak?

– Nie, wszystko jak najbardziej OK, tylko trochę za bardzo… Nie, nie… przepraszam, ja tak tylko. – Ratownik się zmieszał.

Joasia jednak czuła, że coś jest nie w porządku. A zatem jak każda kobieta postanowiła, iż musi poznać prawdę. Jaka by ona nie była.

– Ależ coś z pewnością jest nie tak i ma to związek z moim tyłkiem. Czyżbym rację miała? – Joanna, chociaż zwykle posługiwała się poprawną polszczyzną, tym razem coś poknociła w konstrukcji zdania.

– Nie, bo widzi pani, pani bardzo dużo pływa i choć jest pani nieco ode mnie starsza, to ma nienaganną sylwetkę, ale… ale… – ratownik jąkał się coraz bardziej.

– Ale co, do licha, niech pan z siebie to wydusi…

– Dupa! – wykrztusił ratownik i spuścił wzrok.

– Co z moją dupą jest nie w porządku? – To pytanie było wyrokiem. Joasia nie dała ratownikowi żadnych szans. Chłop poczuł, że albo zezna prawdę, kończąc zwrotem „tak mi dopomóż Bóg", albo za chwilę stała bywalczyni basenu wciągnie go pod wodę, albo może jeszcze gorzej – postawi przed plutonem egzekucyjnym.

– Jakaś taka duża się zrobiła. A czasem zerkałem na panią. I tak się zastanawiałem, czy ta cholerna moda na wielkie tyłki opętała również panią? Może pani operację plastyczną na pośladki robiła?

– Tak, zrobiłam, młody człowieku! – W tym momencie wściekła Joasia zaczęła rozmyślać o tym, kogo normalnego wali w dekiel, by robić sobie operację plastyczną pośladków. Żeby je powiększyć, a nie odwrotnie! Odwróciła się na pięcie i poszła do przebieralni, pozostawiając przystojnego ratownika w lekkim szoku.

W drodze powrotnej, jak typowa kobieta, zaczęła analizować każde słowo i gest młodego mężczyzny z basenu oraz drążyć temat własnego tyłka. Postanowiła poszperać w internecie, gdy tylko dotrze do domu, i jeszcze bardziej dogłębnie przeanalizować hasło „wielka dupa”. Tuż przed północą dysponowała już obszernym kilkunastostronicowym dossier, którego tytuł na pierwszej stronie wypisała czarnym flamastrem.

Wszystko wskazywało na to, że ma jakiś problem zdrowotny związany z tarczycą. I choć to wcale nie było zabawne, jednak przesunęło na plan dalszy rozważania o wielkości tyłków współczesnych celebrytek, jak również jej własnego.

W poczekalni przychodni, gdzie była umówiona do endokrynologa, znalazła się pół godziny przed czasem, o 17:30. Na wizytę nie czekała zbyt długo, ledwie tydzień. Była szczęściarą, bo jej ciocia miała znajomą w rejestracji. Normalnie termin wyznaczono za cztery miesiące. Gdy wybiła punkt 18:00, otworzyły się drzwi gabinetu i ukazał się w nich lekarz specjalista. Przekręcił klucz w zamku i szybkim krokiem udał się w kierunku zgodnym, ze strzałką ewakuacyjną. Joasia, nie w ciemię bita, zerwała się z ławeczki i pobiegła za nim.

– Panie doktorze, byłam umówiona!

– Jak to? Ja pracuję do 18:00. A... to pani pewnie jest z tych zakontraktowanych z NFZ-u, co to się nie zmieścili w grafiku i teraz mi ich dopychają po godzinach. – Lekarz nie był zachwycony, co było widać po jego minie.

– No dobrze, nie mam wyboru, chodźmy. – Na twarzy lekarza zarysowało się coś na kształt węża eskulapa.

Gdy drzwi gabinetu się otworzyły, a potem zamknęły za doktorem i jego pacjentką, zapadła krępująca cisza.

– Co pani dolega? – lekarz w końcu odezwał się pierwszy.

– Dupa!

– Że co, proszę?

– No, mam dużą dupę…

– To chyba dobrze, teraz taka moda, no nie? Operacja na powiększenie pośladków u mojego kolegi kosztuje 40 tysięcy złotych. Może chce pani...

– Ale moja jest już duża, mówiłam przecież! A chcę, żeby była mała jak kiedyś – Joasia przerwała lekarzowi.

– On może też zmniejszyć, za jakieś 30 tysięcy. Odpada koszt implantów – lekarz dalej reklamował usługi kolegi po fachu.

– Panie doktorze, ale to może być syndrom chorobowy, ja dużo pływam, stosuję dietę, a dupa rośnie.

– Tak? A robiła pani już rozpoznanie?

– Nie, ja pierwszy raz u pana doktora.

– No tak, ale czy sama pani robiła rozpoznanie? Większość pacjentów korzysta z internetu, zanim przyjdą na wizytę, w ten sposób wszyscy oszczędzamy czas i pieniądze.

– No w sumie trochę przejrzałam internet, według mnie to problem z tarczycą, może zapalenie… – Joasia podała teczkę z zebranymi informacjami zatytułowaną „Wielka dupa”.

– Lekarz zatopił się w lekturze, przeglądał strona po stronie i kiwał głową, mrucząc coś niezrozumiale.

– Panie doktorze, co pan sądzi? – Joasia przerwała jedno ze znaczących chrumknięć lekarza.

– Absolutnie się z panią zgadzam, to jest problem z tarczycą. Nie wywinie się z tego pani... – słowa endokrynologa zabrzmiały złowieszczo.

– Słucham?! Ile mi jeszcze zostało? – Joasia była przerażona.

– Nie wiem, zrobimy badania krwi, potem się zobaczy.

– Czy ja umrę?

– Tak, oczywiście. Wszyscy umrzemy. Nie powinniśmy o tym nigdy zapominać, droga pani.

– Ale od tej tarczycy? – Joasi popłynęły łzy po policzkach.

– Od tego nie, co też pani! Od czegoś innego. No i nie z powodu dużej dupy… przepraszam, pupy.

– A może powinnam zrobić USG tej tarczycy?

– Eee, nie, to kosztuje. Po co? Najpierw badania krwi. Przyjdzie pani na kolejną wizytę i wtedy zobaczymy.

– Kiedy, w przyszłym tygodniu?

– Nie, co też pani?! Według kolejności zapisów.

– To znaczy kiedy?

– No, to wypadnie jakoś w styczniu.

– Panie doktorze, mamy dopiero wrzesień!

– Szybko zleci, niech się pani nie martwi.

– Ale… panie doktorze… – Joasia była już teraz bardzo zdenerwowana.

– Żadne ale… boli coś panią?

– Nie, nic mnie nie boli.

Lekarz rzucił się w kierunku pacjentki, błyskawicznie objął jej szyję dłońmi i zaczął uciskać.

„Chyba byłam zbyt roszczeniowa" – pomyślała w ostatnich minutach życia pacjentka endokrynologa.

– Niech pani połknie!

„Boziu, to morderca i dewiant!" – Joasia spanikowała, nie chciała jeszcze umierać.

– Co mam połknąć? – wychrypiała z oczami wielkimi jak kartonowe podstawki do piwa.

– No ślinę, droga pani. Muszę jakoś upewnić się co do pani diagnozy, nieprawdaż?

Joanna kiwnęła głową i przełknęła ślinę, zrobiła to kilka razy. Wtedy lekarz rozluźnił ucisk, a ona zrozumiała, że dziś nie jest jej pisany koniec.

– Bierze pani jakieś leki?

– Nie, nie biorę, a może powinnam? Może dupa przestanie rosnąć, jak mi pan coś przepisze?

– Eee, tyle czasu była pani bez leków, to i teraz bez leków się obejdzie. Zobaczymy, co dalej, gdy pani przyjdzie w styczniu.

– Panie doktorze, ale czy ja dożyję do stycznia? A jak to rak? Może jednak USG chociaż zrobić?

– Co z pani taka pesymistka? Więcej optymizmu. Przyjdzie pani w styczniu, to się zobaczy.

– No dobrze… – Joasi było w sumie już wszystko jedno – to, panie doktorze, niech chociaż pan poradzi, bo ja ćwiczę, pływam, stosuję dietę, ale dupa mi się nie zmniejsza. To po co ja mam się tak męczyć?

– Jak pani zarzuci dietę, pływanie i ćwiczenia, wtedy dupa jeszcze bardziej urośnie. A teraz już naprawdę muszę lecieć, więc szybciutko zbieramy się. – Lekarz wcisnął Joasi w dłoń skierowanie na badanie krwi i popchnął ją delikatnie w kierunku wyjścia.

– Panie doktorze, momencik. – Joasię coś tknęło.

– Co znowu pani wymyśliła? – Doktor był zniecierpliwiony do granic.

– A jakbym przyszła prywatnie do doktora, to kiedy by mnie pan przyjął?

– Jak prywatnie, to choćby jutro. W prywatnym gabinecie przyjmuję od 10:00 rano.

– A dużo kosztuje wizyta?

– A ile jest dla pani warte własne życie?

– Życie? Dla mnie jest bezcenne…

– No widzi pani, a ja biorę tylko dwieście złotych za wizytę. Jeśli jutro zjawi się pani u mnie w gabinecie, to zaoszczędzi pani masę forsy. – Z twarzy lekarza zniknęło zniecierpliwienie.

– Jak to zaoszczędzę? Przecież wizyta jest płatna…

– Proszę odjąć dwieście od kwoty „bezcenne", a reszta dla pani. Dobre, nie? A teraz, pani wybaczy, spieszę się.

27.08.2014

Kapitalista

– O! Napisał pan piękne opowiadanie. Może da radę więcej napisać?

Wydawca przyjął mnie w swoim gabinecie. Na ścianach obrazy, chyba drogie, bo cholernie dziwne. W ręku trzymał szklaneczkę whisky, a w popielnicy przed nim dymiło niemiłosiernie wielkie cygaro. Chyba też nietanie, bo dym gryzł w oczy.

– Mogę napisać więcej, czemu nie.

– Wie pan, ale mam pewne wymagania, sugestie. Fajnie by było, gdyby je pan uwzględnił.

– Zamieniam się w słuch…

– Więcej ludzkiej wrażliwości, biedy, dramatów zwykłych, szarych obywateli, którzy z trudem wiążą koniec z końcem. Może być też i o polityce, i trochę czarnego humoru – mówiąc to, strzepnął cygaro o grubości końskiego przyrodzenia do ciężkiej, mosiężnej popielnicy.

– Dobrze, oczywiście. To dla mnie żaden problem.

– Zatem pani Krysia przygotuje panu umowę. Co tydzień dostarczy pan opowiadanie do naszego tygodnika. My będziemy je drukować.

– Wow, nie spodziewałem się. A ile dostanę wierszówki?

– Będzie pan zadowolony. Damy panu średnią stawkę, jaką płacimy publicystom, którzy współpracują z nami od wielu lat.

– Świetnie, bardzo panu dziękuję. To od kiedy mam podsyłać swoje opowiadania?

– Najlepiej od jutra. O 18:00 zamykamy następny numer gazety. Zdąży pan?

– Pewnie, że zdążę. Jeszcze raz panu dziękuję. Jutro otrzymacie państwo mój nowy tekst.

– Niech pan pójdzie do sekretariatu. Pani Krysia załatwi z panem wszelkie formalności. Witamy w naszym zespole! – mówiąc te słowa, uścisnął moją dłoń i przyjaźnie się uśmiechnął.

Tak zaczęła się moja przygoda z wydawnictwem. Ludzka wrażliwość, problemy zwykłych ludzi, polityka i mój czarny humor stanowiły dobrą, wybuchową mieszankę. Nakład tygodnika rósł, ja miałem stałą kolumnę, radość z pisania i pieniądze. Ba, miałem nawet swoich fanów. I to było miłe. Nie zrażałem się tym, że płatności za teksty przychodziły z coraz większym opóźnieniem. Grunt, że przychodziły. Problemy zaczęły się, gdy po miesiącu na koncie nie pojawił się oczekiwany przelew. Telefony do wydawnictwa nic nie dawały. Wściekłem się. Po dwóch miesiącach posuchy uznałem, że sprawę trzeba załatwić po męsku. Na odwagę wypiłem dwa piwa i poszedłem na spotkanie z wydawcą. Minąłem bez słowa panią Krysię, która nieudolnie próbowała mnie powstrzymać przed wtargnięciem do gabinetu szefa. Wyrwałem się jej i wparowałem tam, gdzie nie chciała mnie wpuścić.

– Dzień dobry, szefie!

– Dobry? – szef wybełkotał. Nie wyglądał najlepiej. Był nawalony jak worek.

– To ty?

– To ja…

– I co ja mogę? – powiedział niewyraźnie, dmuchając mi w twarz bukietem tanich alkoholi bez rocznika na etykietach.

– Nie wiem, co pan może, ale powinien mi pan płacić za moje teksty! Tyle wasz tygodnik mówi o ludzkiej wrażliwości, współczuciu. A mnie nie płacicie! Nie mam na rachunki.

– Kochany redaktorze czy tam literacie… co ja mogę, co ja mogę… – bełkotał, ale jakoś go rozumiałem.

– Zapłać pan, do cholery!

– Ale co ja mogę, co ja mogę… A tak… mogę cię o coś prosić? – Zbił mnie z tropu.

– O co?

– Przejdź się za mną po gabinecie. Tylko parę kroków… – starał się mówić wyraźniej, bez wątpienia coś go trapiło. Zrobiło mi się go żal.

– Jak mam za panem chodzić? – zapytałem. Nie wiem, czemu mnie to zaintrygowało.

– Normalnie, mój literacie. Ja zacznę chodzić w kółko, a ty parę kroków za mną idź i cały czas mnie obserwuj, błagam…

– Dobrze, chociaż nic nie rozumiem. Idź pan. Pójdę za panem.

Wydawca z wyrazem wdzięczności spojrzał na mnie, potem na czubki swoich butów, skupił się i zaczął dreptać po okręgu. Ja za nim. Uznałem, że to idiotyczne, ale miałem nadzieję, że może to jakiś test, i gdy go zaliczę, facet ustali ze mną warunki zaległych płatności. Zacząłem więc chodzić za wydawcą po jego gabinecie. Na błędnej wędrówce upłynęło nam kilka minut. Nagle stanął. Odwrócił się i zatrzymał mnie gestem ręki. Położył dłoń na moim ramieniu, nachylił się i konspiracyjnie, zionąc odorem taniego alkoholu, zapytał:

– I co? Lezie za mną?

– No przecież lezę…

– Nie ty, literat! Ona czy lezie?

– Kto?

– No jak to kto?! Zmora!

Załamałem się. Wiedziałem, że już nigdy nie zobaczę swojej kasy. Wydawca był w stanie terminalnym. Widział zmory albo nawet te zaczęły go śledzić.

– Jaka zmora?! Tylko ja tu jestem.

– Uff… – westchnął z ulgą – ale często za mną chodzi. Może tylko dziś odpuściła. – Mój były szef smutno zwiesił głowę.

– Nie zapłaci mi pan?

– Co ja mogę, co ja mogę…

– To przecież nie jest duża suma.

– Beznadziejne są te twoje opowiadania. Nie będziemy płacić! – jakby otrzeźwiał i zaatakował.

– Jak to beznadziejne? To czemu wcześniej mi płaciliście?

– Wcześniej były dobre. I śmieszne.

– Wcześniej mi płaciliście, to były elementy humorystyczne. Jak przestaliście płacić, to posmutniałem!

– Jestem poważnym wydawcą. I chłamu nie będę więcej wydawał. Ani płacił za ten szajs.

– Za ten szajs, co drukowaliście regularnie i dzięki czemu nakład szedł wam w górę?

– Jak takie dobre, to sam sobie wydawaj, ty grafomanie!

– A pewnie. Sam sobie wydam. Ale wcześniej dam ci w mordę, ty kapitalisto bez sumienia!

Dałem kapitaliście w pysk, po czym wyszedłem z jego wydawnictwa. Miesiąc później wydałem swój zbiór opowiadań. Dzięki temu jak piję, to przynajmniej piję za swoje.

19.08.2014

Uwaga! Po prawej stronie są recenzje...

RECENZJE

Ten tomik to najprawdziwsza biżuteria. Perełki satyry napisane błyskotliwie i zabawnie. Prześmiewcze historyjki ocierają się o purnonsens, niestety mają jednak korzenie w rzeczywistości. Udowadniają, że świat od wieków jest rządzony przez trzy namiętności KASĘ, WŁADZĘ I SEKS. Autor zastosował tu ironiczny cudzysłów, czasem przesadne (zgodnie z prawem satyry) przerysowanie. Czytając, doznajesz uczuć określanych przez naszych sąsiadów jako „i śmieszno, i straszno"! Dobrze, że „śmieszno", bo tylko takie traktowanie zdarzeń i sytuacji może złagodzić kontury tego co straszne. Śmiech zaś, jak wiadomo, jest dobry na wszystko, z wyjątkiem… rozwolnienia.

Obyta z zabawnym słowem wychowanka rozlicznych kabaretów,

Lidia Stanisławska,
piosenkarka, felietonistka, aktorka i pisarka

Uważnemu obserwatorowi polskiej rzeczywistości politycznej opowiastki Grossmana wydadzą się nader trafne, co może stanowić pewien powód do niepokoju – wziąwszy pod uwagę, jak bardzo są absurdalne. Na szczęście, wraz z obrazkami Graczyka, „Świniaki" bardziej niż do patriotycznej depresji skłaniają do wisielczego humoru, który stanowi wszak jedyną receptę na zachowanie zdrowia psychicznego w realiach odnowionej demokratycznej i rynkowej Rzeczpospolitej. I tym zaniepokojonym, i tym rozbawionym pozostaje życzyć miłej lektury.

Agnieszka Wołk-Łaniewska,
komentator, felietonista. Publicystka tygodnika „NIE"

I jest oświecenie! Nareszcie. Bardzo dotkliwe są te „Świniaki" Grossmana. A dlaczego? Bo dawno nie spotkałem się z pozycją, która tak dotkliwie opisuje codzienność jako świat bez rozumu, w którym myślenie ponadfizjologiczne zanikło. W zabawnych i bezbłędnie skonstruowanych, choć niełatwych humoreskach autor buduje panoptikum przyczyn, a może już efektów społecznego ciemnogrodu. I jak nikt okazuje się najbardziej precyzyjnym socjologiem – całość dowodzi tego, jak bardzo rozstaliśmy się z dorobkiem racjonalności i posługiwania się rozsądkiem. Nieważne, jak bardzo się kłócimy, gorsze to, że kłótnia zastąpiła dyskutowalną niezgodę. Czy Grossman nie krzyczy do nas *Sapere auso*? Obawiam się, że tak i jako jeden z niewielu się do tego przyznaje.

Michał Pabian,

dramaturg, literaturoznawca

Świniaki to zbiór krótkich tekstów z pogranicza felietonu, opowiadania i bajki z morałem. Grossman nie oszczędza swoich bohaterów. Ośmiesza układy koleżeńskie na najwyższych szczeblach władzy. Naigrywa się z posłów, urzędników, księży, a nawet żołnierzy. Kpi z ich niekompetencji, chciwości i zadęcia, udowadniając, że literatura może pełnić funkcję katalizatora dla naszych politycznych frustracji i rozczarowań. Oto Polska, zdaje się mówić Grossman, Polska zidiociała, skorumpowana i przepita. Gorzka to lekcja. Ale i zabawna.

Marcin Orliński,
poeta, prozaik, krytyk literacki

KARTA REDAKCYJNA

Copyright © 2014 by JAM

Redakcja i korekta: Janina Granas-Olewińska

Projekt okładki: Michał Graczyk

Rysunki: Michał Graczyk

ISBN 978‒83‒938088‒6‒1

grossman@alternatywa.com